세계사와 놀자!

사회와 친해지는 책 ⊙ 역사
세계사와 놀자!

2015년 11월 16일 초판 1쇄 발행
2018년 5월 15일 초판 2쇄 발행

글   김성화·권수진
그림   국형원

펴낸이   강일우
책임편집   한지영
디자인   이재희
펴낸곳   (주)창비
등록   1986. 8. 5. 제85호
주소   10881 경기도 파주시 회동길 184
전화   031-955-3333
팩스   031-955-3399(영업) 031-955-3400(편집)
홈페이지   www.changbikids.com
전자우편   dongmu@changbi.com

ⓒ 김성화, 권수진, 국형원 2015
ISBN 978-89-364-4686-4 73900

* 이 책 내용의 전부 또는 일부를 재사용하려면 반드시 저작권자와 창비 양측의 동의를 얻어야 합니다.
* 책값은 뒤표지에 표시되어 있습니다.

사회와 친해지는 책 ❂ 역사

지도 위에서 찾은 새로운 역사 이야기

세계사와 놀자!

김성화·권수진 글 | 국형원 그림 | 정현백 감수

창비
Changbi Publishers

차례

도서관 왕과 역사 공부를! 006

첫째 날 가장 오래된 대륙 아프리카 016
둘째 날 빛나는 이집트 왕국 034

셋째 날 시끌벅적 문명의 요람 서아시아 048
넷째 날 유대 민족과 크리스트교 063
다섯째 날 아라비아와 이슬람 072
여섯째 날 신들의 나라 인도 088
일곱째 날 한자와 공자의 나라 중국 111

여덟째 날 작은 대륙 유럽 140
아홉째 날 유럽의 스승 그리스 158

열째 날 큰 것을 좋아한 로마 제국　170
열한째 날 소용돌이 속의 유럽　180

4부 아메리카

열두째 날 아메리카인의 조상　190
열셋째 날 아메리카 대륙을 빼앗은 유럽　206

5부 오세아니아와 남극

열넷째 날 오세아니아로 간 사람들　228
열다섯째 날 펭귄들의 땅 남극 대륙　245

그 뒤의 이야기　252

연표　256

도움받은 책 • 도움받은 사진　260

도서관 왕과 역사 공부를!

　세상에는 이 세상의 역사에 관한 책이 산더미처럼 쌓여 있어요! 세계의 역사에 대해 이렇게나 많은 사람들이 책을 썼다는 거예요. 유명한 학자, 그저 그런 학자, 뚱뚱한 학자, 빼빼 마른 학자, 대머리 학자, 코가 뾰족한 학자, 납작코 학자, 광대뼈가 튀어나온 학자, 얼굴에 주근깨가 있는 학자, 깃털 펜을 잉크병에 적시며 우아하게 글씨를 쓰는 학자, 삐뚤빼뚤 쓰는 학자, 친절한 학자, 성질이 괴팍한 학자 들이 수없이 밤을 새우고 머리가 벗겨지고 눈썹이 허옇게 세도록 세계의 역사를 연구했어요.

　세상은 무지무지 오래되었고 지구에는 수많은 나라들이 있고 사람들도 엄청나게 많으니까(오래전에 죽은 사람들까지 합하면 정말 많아요.) 그 이야기를 책으로 다 쓰자면 역사학자가 개미처럼 많고 종이가 달까지 쌓여 있어도 모자랄 거예요.

하지만 역사책은 그렇게 두꺼울 필요가 없을 것 같아요. 역사책이란 대개 이런 이야기들뿐이거든요. 그러니까 머나먼 옛날에 세계에는 크고 작은 나라들이 있었는데, 성급하고 거만하고 용감하고 지혜롭고 잔인하고 욕심 많은 왕들이 이웃 나라와 더 먼 나라의 왕들과 싸워서 이기거나 졌기 때문에 자기네 왕국이 커졌다 작아졌다 했다는 거예요. 왕들이 전쟁을 일으킨 이야기는 따분해요. 내가 보기에 세계의 역사에서 가장 재미있는 건 옛날에는 왕들이 글자를 읽고 쓸 줄도 몰랐다는 거예요! 옛날에 로마의 어떤 왕은 글자를 몰라서 이름 모양을 따라 구멍을 뚫어 놓은 금속판을 대고 평생 동안 서명을 했다지 뭐예요. 그러니까 내가 옛날의 왕들보다도 훌륭한 것도 있어요. 나는 글자도 알고, 쓸데없이 전쟁을 일으키거나 이웃 동네로 쳐들어가서 친구를 포로로 잡아 오지도 않으니까요.

나는 매일 바다 위로 해가 떠오르고 바다 너머로 해가 지는 게 보이는 조그만 섬에서 살고 있어요. 매일 배들이 지나가고, 가끔은 고래 떼도 볼 수 있어요.

우리 마을에는 학교가 없기 때문에 나는 아이들이 학교에서 무엇을 배우는지 알지 못해요. 하지만 학교에 다니지 않는다고 해서 내가 정말로 알아야 할 것도 모른 채 멍청하게 산다는 뜻은 아니에요. 나는 알고 싶은 것이 있으면 무엇이든 배우거든요. 바다에서 수영하는 법, 염소 기르는 법, 세상에서 가장 맛있는 볶음밥 만드는 법, 마녀 골려 주기, 친구들과 매일매일 신나고 재밌게 노는 법, 저녁에 당장 구워 먹을 물고기 잡는 법…….

우리 섬엔 작지만 세상에서 가장 좋은 도서관이 있고, 세상에서 가장 좋은 사서 선생님이 살고 있어요. 선생님은 아주 뚱뚱하고 늙으신 분이에요. 얼굴에는 주름살이 깊게 파이고 흰머리가 잔뜩 나고 행동이 느릿느릿해요. 하지만 나는 선생님을 좋아해요. 선생님은 젊은 시절에 세상 구경을 많이 했고, 더운 나라와 추운 나라, 산등성이에 있는 나라, 평평한 나라, 큰 나라와 작은 나라를 두루 여행했어요.

선생님은 내가 알고 싶은 것이 있으면 무슨 책이든 찾아 주신답니다. 그것도 최고로 좋은 책들로만요. 우리 도서관에는 벌레 먹고 낡고 오래된 귀중한 책들과 아름다운 그림이 있고 표지가 번쩍거리는 새 책들이 그득해요.

요즈음에 나는 세계가 어떻게 생겼는지, 옛날 옛적에는 세계에 무슨 일이 있었는지 배우고 있어요. 내가 지금까지 해 본 공부 중에서 가장 길고 복잡하고 재미있어요. 그건 염소 기르는 법을 배우거나 마녀백과사전을 뒤적이는 것 하고는 달라요. 왜냐하면 알면 알수록 궁금한 게 자꾸자꾸 많아지거든요.

우리 집 부엌에는 크고 낡은 지도가 붙어 있어요.(그게 어떻게 우리 집에 오게 됐는지는 모르겠어요.) 하루는 정말로 따분해서 벽을 보고 있었는데 저게 뭘까 궁금해지는 거예요. 그 이상한 그림에 대해 사서 선생님께 여쭈었더니 선생님은 아마도 그건 지구에 있는 땅들의 모양일 거래요. 참 재미있는 일이지 뭐예요. 땅은 그냥 네모일 수도 있고 세모일 수도 있고 별 모양일 수도 있고 감자 칩이나 도넛 모양일 수도 있는데, 꼭 잘 못 뜬 수제비 반죽처럼 들쑥날쑥 삐죽빼죽 크기도 제각각인 것이, 어떤 곳은 내 발바닥만큼 크고 어떤 곳은 내 코딱지만큼 작고…….

나는 연두색, 초록색, 노란색, 거무튀튀한 갈색으로 칠한 부분이 대륙이라는 것과 나머지 파란 부분이 바다라는 것을 알게 됐어요. 지구에는 대륙이 여섯 개나 있다는 것도요! 그렇게 넓은 땅들과 바다를 종이 한 장에 그릴 수 있다니! 나의 위대한 발견에 대해 친구에게 자랑했더니 그 애는 그런 건 당나귀도 다 안다는 거예요. 쳇! 그래서 나는 그 애랑은 500일 동안 놀지 않기로 했어요.

나는 지구의 그림이 마음에 들어요. 지구에서 바다가 땅보다 훨씬 더 넓다는 것도요. 지구가 출렁출렁하고 촉촉하고 상쾌하게 느껴져요!

한참 동안 지도를 들여다보니까 어떤 나라 아이들은 한 번도 바다를 본 적이 없을지도 모른다는 생각이 들었어요. 자기 나라가 거대한 땅의 한복판에 들어 있어서 평생 바다라곤 구경할 수 없는 아이들도 있다는 거예요. 내가 날마다 질리도록 보는 푸른 바다를 어떤 아이는 한 번도 볼 수 없다니! 뿌우뿌우 노래하며 솟구치는 고래 떼도 결코 볼 수 없다니!

하지만 세상은 공평한지도 모르겠어요. 가끔은 나는 사막이 보고 싶거든요. 가도 가도 끝이 없는 모래 언덕뿐인 사막에서 사박사박 발자국을 찍으며 걸어가면 어떤 기분일까요? 그곳에는 어떤 아이들이 살고 있을까요?

나는 지도 속에 나온 육지와 사막, 평원에는 어떤 사람들이 살고 있는지 궁금해요. 그런 곳에도 집이 있고 아이들이 있고, 바다 한가운데 작은 섬들에 누구가 사는지 궁금해할까요? 정말 그랬으면 좋겠어요. 지도를 보면서 작고 작은 우리 섬을 콕 짚으며 여기에는 어떤 아이가 살고 있을까 생각해 주는 아이가 지구에 한 명도 없다면, 단 한 명도 없다면, 슬플 것 같아요.

나는 이제 세계의 여러 나라들을 알고 싶어요. 다른 나라에 가 본 적도 없고 거기에는 누가 사는지 모르지만, 알면 조금은 친구가 되는 느낌이 드니까요. 나는 도서관 선생님께 부탁했어요.

"세계에 대해 알고 싶은데, 아는 것이라곤 아무것도 없는 꼬마도 도와주시나요?"

"무언가를 배우고 싶다고? 하하하! 이런 이런! 내 언젠가 이런 날이 올 줄 알았다니까!"

그러면서 선생님은 이제야 시시포스의 신세를 면하게 되었다고 기뻐했어요. 신에게 벌을 받아서 산 위로 끝없이 바위를 굴려 올려야만 했던 그리스 신화 속 왕 말이에요. 선생님은 아이들에게 지식을 나눠 주고 싶어서 사서가 되었는데 한 번도 그럴 기회가 없었다는 거예요. 그저 아침부터 밤까지 아이들이 어질러 놓고 간 책을 치우고 치우고 또 치우고 제자리에 갖다 꽂느라 무릎에 관절염만 생겼는데, 이제야 비로소 '사서'로서 거룩하고 신성한 의무를 다하게 되었다며 두 팔을 활짝 벌렸어요.

"아는 것이 아무것도 없다고? 바로 내가 원하는 백성이로구나. 아는 것이 없으면 없을수록 좋단다. 코흘리개 어린아이도 쭈글쭈

글 할머니도 대환영이로다!"

그러니까 선생님이 정말 왕처럼 보였어요. 도서관은 궁전 같고요. 그렇게 해서 우리는 품위 있게 세계의 역사와 지리를 공부하게 되었어요. 은밀하게 황궁의 비밀을 논하는 왕과 신하처럼 책의 궁전에서 매일 회합을 갖기로 말이에요.

그런데 어디서부터 시작하면 좋을까요?

집에 와서 나는 커다란 지도에 화살을 던졌어요. 공평하게 하기 위해서 눈을 감아야 해요. 화살이 박히면 그곳에서부터 시작하는 거예요. 단, 화살이 바다에 꽂히면 다시 던져야 해요. 바다에는 해초들과 물고기들밖에 살고 있지 않으니까요.

나는 화살을 던졌어요.

슈—웅! 픽!

그러니까 이 이야기는 얼마 전까지만 해도 지도도 볼 줄 몰랐던 어린아이가 뚱뚱하고 친절한 도서관 왕의 도움을 받아서 조금씩 알게 된 머나먼 세계의 이야기예요.

1부
아프리카

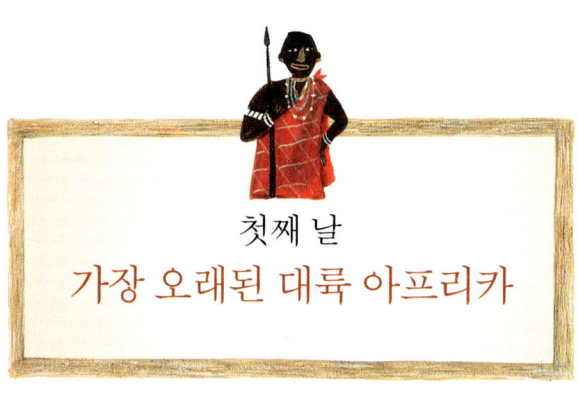

첫째 날
가장 오래된 대륙 아프리카

하하! 첫 번째로 내 화살이 혓바닥처럼 길쭉하고 불그레한 땅덩어리에 꽂혔어요. 바로 아프리카예요.

아프리카를 처음 배울 때 나는 아프리카라는 말이 재밌어서 자꾸만 입에서 "아프리카 파프리카 카프리카 코푸리카!" 하고 튀어나왔어요.

하지만 나는 아프리카에 대해 배우고 나서 '아프리카'가 결코 웃기는 말이 아니라는 것을 알게 됐어요. 먼 옛날에 아프리카에 쳐들어왔던 로마 사람들과 아라비아 사람들이 이 대륙을 아프리카라고 부르기 시작했대요. '아프리'는 원래 아프리카 북쪽에 살던 한 부족의 이름인데 로마 총독들이 다스리던 시대에 대륙 전체를 가리키는 말이 되었대요.

내가 살고 있는 작은 섬에 비하면 아프리카는 정말로 거대해요. 나는 대륙이라는 말이 참 듣기 좋아요. 대륙이라는 말만 들어도 커다랗고 장엄하고 육중하고 숭고한 그 무언가가 떠올라요.

아프리카는 그런 느낌과 딱 어울리는 대륙이죠. 아프리카는 지구에서 가장 오래된 대륙이에요! 다른 대륙들이 아직 뜨거운 지구 속에 있거나 바다 위를 둥둥 떠다니는 작은 바윗덩어리였을 때, 아프리카 대륙은 단단하고 거대한 땅덩어리가 되었어요. 5억 5000만 년 전에 벌써 지금의 모습이 되었고요. 먼 옛날 지구의 땅덩어리는 서로 모였다 떨어지기를 되풀이했는데, 그럴 때에도 아프리카 대륙은 대륙들 한가운데 육중하게 있었지요.

아프리카는 정말로 무거운 대륙이에요! 해수면에서 높이를 재면 아프리카 대륙의 평균 높이가 다른 대륙보다 400미터나 더 높다는 거예요. 아프리카의 오래되고 두툼한 땅속에는 황금과 다이아몬드가 묻혀 있어요. 황금과 다이아몬드는 땅속 아주아주 깊은 곳에서만 만들어지는데 가끔씩 땅이 부글부글 끓어오를 때 마그마와 함께 지표면 가까이로 올라와요. 오래전에 아프리카 대륙의 땅속에서 황금 광맥과 다이아몬드 광맥이 솟아올랐어요.

"아프리카에 황금과 다이아몬드가 아무리 많이 있어도 아프리카 사람들은 가난하단다. 부자 나라에서 다이아몬드를 몸에 주렁주렁 매달고 다니는 부인들은 알까. 그 보석들이 아프리카의 어느 광산에서 작고 빼빼 마른 아이들이 보잘것없는 품삯을 받으며 하루 종일 먼지를 뒤집어쓰고 캐낸 광석으로 만들어진다는 것을 말이다."

선생님은 이제부터는 지도를 뚫어지게 오래오래 쳐다보아야만 한다고 했어요. 나중에 아프리카를 떠올리면, 아이스크림이 먹고 싶을 때 그런 것처럼 지도가 눈앞에 어른어른해야 한다고 말이에요.

아프리카 대륙의 수수께끼

아프리카는 거인의 벙어리장갑처럼 생겼어요. 거인이 엄지손가락을 대서양 바닷물에 풍덩 담그고 새끼손가락을 인도양 바다에 담그고 있는 것처럼 보이거든요. 장갑 목 부분에는 작지만 유명한 지중해와 홍해가 있고요. 선생님은 아프리카 대륙에 대해 놀라운 이야기를 들려주셨어요.

아프리카 대륙의 가장자리에 높다란 산맥들이 솟아 있어요.
바다로 흘러가는 강이 겨우 몇 개뿐이에요.

"지도만 보아서는 눈치채지 못하지만, 하늘에서 내려다보면 아프리카 대륙은 거대한 접시처럼 보일 거란다. 대륙의 가장자리가 안쪽보다 훨씬 높아서 안쪽이 움푹 파인 꼴이거든. 바다 쪽에서 습한 바람이 불어와도 높은 산맥을 넘지 못하지. 그래서 아프리카 대륙은 대부분 건조한 사막이란다. 해안선이 높다란 산맥들로 막혀 있어서 다른 세계와 만날 수 있는 기회도 적었어. 사방이 바다로 둘러싸여 있는데도 산맥이 가로막아서 육지에서 곧장 바다로 나갈 수 없고, 반대로 바다 쪽에서 오려 해도 안전하게 배를 대고 육지에 닿을 만한 항구가 없었지.

아프리카 대륙에서는 강들도 산맥에 막혀 바다로 흘러들지 못한단다. 아프리카 대륙의 강들은 이리저리 떠돌다가 바다로 가는 길을 찾지 못해 산맥 앞에서 폭포와 급류로 변하지. 자, 이제 지도를 잘 보거라. 아프리카는 거대한 대륙인데도 바다로 이어지는 강이 겨우 몇 개뿐이라는 걸 알게 될 거다."

정말이에요! 아프리카 대륙의 큰 강물은 세네갈 강, 나이저 강, 콩고 강, 잠베지 강, 나일 강뿐인데 그나마도 중간중간이 급류와 폭포투성이래요.

아프리카 대륙의 길고 구불구불한 강들 중에 **나일 강**은 최고예요! 세상에서 첫 번째나 두 번째로 긴 강이죠! 왜냐하면 하하! 누구는 나일 강이 더 길다 하고 누구는 아마존 강이 더 길다 하고 아직도 다투는 중이거든요.

나는 지도를 따라 나일 강을 탐험해요. 나일 강은 남쪽에서 북쪽으로 흘러가요! 나일 강을 거슬러 남쪽으로 남쪽으로 올라가면 적도에 이르고, 마침내 빅토리아 호수에 다다라요. 빅토리아 호수 옆에는 킬리만자로 산이 있어요. 킬리만자로 산은 아프리카 대륙에서 가장 높아요. 어찌나 높은지 적도에 있는데도 일 년 내내 눈이 쌓여 있대요.

나일 강은 아프리카 대륙의 기적이에요! 나일 강이 없었다면 아프리카는 훨씬 더 살기 힘든 곳이 되었을 거예요. 나일 강 덕분에 적도에 내리는 비가 밀림을 지나 사막을 지나 구불구불 지중해까지 흘러가요.

나는 사하라 사막에서 눈을 떼지 못했어요. 사하라 사막은 아프리카 대륙을 가로질러 누워 있어요. 돌과 자갈, 황량한 모래 언덕이 대륙의 동쪽 끝에서 서쪽 끝까지 어마어마하게 길게 이어져 있어요. 거대한 사막 한가운데에는 듬성듬성 야자나무가 자라는 곳이 있고, 그 주변을 파면 물을 조금 얻을 수 있는데 그런 곳이 바로 오아시스예요. 먼 옛날에 상인들은 낙타에 보물과 짐을 가득 싣고 오아시스를 따라 몇 달씩 사막을 가로질러 여행했대요.

나는 사막을 여행하다가 끔찍한 모험을 겪은 사람들의 이야기를 읽은 적이 있어요. 사막에서 길을 잃거나 오아시스를 발견하지 못하면, 타고 가던 낙타를 죽여서 낙타의 창자에서 물을 짜 마시기도 했다는 거예요. 도중에 도둑의 습격을 받고 모래 폭풍에 파묻혀 떼죽음을 당하기도 하고요.

사막을 상상하면 나는 사막의 그 많은 모래들이 어디에서 오는지 정말로 궁금해요. 왜 어떤 곳은 지구에서 사막이 되는지도요.

"먼 옛날 석기 시대에는 사하라가 사막이 아니었단다! 사하라는 염소들이 풀을 뜯는 비옥한 초원이었어. 호수 옆에 소나무와 야자나무, 올리브 나무가 무성하게 자라고 코끼리와 기린, 양과 하마, 악어와 물고기가 살았어. 사람들도 많이 살고 있었지. 하지만 언제부터인지 사하라에 비가 오지 않았단다. 초원이 메마르고, 차츰차츰 사하라는 황량한 땅으로 변해 갔어. 6000년쯤 전에 사하라는 완전히 사막으로 변해 버렸단다."

6000년이라고요? 그건 얼마나 오래 전일까요. 나는 사람들이 북적거리는 사하라의 도시를 상상해요.

하지만 이제 사하라에는 사람들이 없어요. 지금은 몇몇 강인한 유목 부족만이 오아시스 주변에 살고 있어요. 사막 부족은 온도가 50도가 넘고 땅이 달처럼 메마른 곳에서도 살아남았어요. 사막의 유목민은 내비게이션과 표지판이 없어도 하늘과 별을 보고 길을 찾을 수 있고, 아득히 멀리서 작은 돌멩이 하나도 알아볼 만큼 시력이 뛰어나대요. 만약에 사막에서 태어났다면 나는 낙타 몰이꾼이 되었을 거예요!

인류의 고향

선생님은 아프리카가 인류의 역사에서 몹시 특별한 곳이라고 했어요.

"왜요?"

"맨 처음 아프리카에서 살던 인류가 온 땅으로 퍼져 나가서 아시아 사람, 유럽 사람, 아메리카 사람이 되었단다!"

"내 얼굴은 아프리카 흑인처럼 까맣지 않은데, 어떻게 우리의 조상이 아프리카 사람이에요?"

"인류는 맨 처음 아프리카에서 출발했고 그때는 모두 피부가 검었단다! 아프리카 사람들의 피부가 까만 것은 표범에게 얼룩무

석기 시대에 인류가 걸어서 세계로 퍼져 갔어요.
5만 년 전에 인류는 오스트레일리아에 도착했어요.
1만 5000년 전에는 아메리카 대륙으로 건너갔지요.

늬가 있고, 기린의 목이 길고, 코끼리의 코가 기다란 것과 마찬가지로 인류가 아프리카의 자연에 가장 잘 적응한 결과란다."

선생님은 커다란 지구본을 가져와서 빙빙 돌렸어요. 선생님의 뚱뚱한 배를 가리키면서 지구에서 가장 뚱뚱한 부분을 가로지르는 선을 찾아보라고요.

"여기가 적도란다. 아프리카 한가운데로 적도가 지나는 게 보이지? 일 년 내내 강렬하게 햇볕이 내리쬐기 때문에 까마득한 옛날부터 이곳에서 살았던 사람들은 피부가 아주 까맣단다. 까만 피부 속에는 멜라닌이라는 색소가 들어 있어. 멜라닌 색소는 햇볕 속에 들어 있는 해로운 자외선을 막아 준단다!"

나는 깜짝 놀랐어요. 나는 아프리카 사람들이 새까맣게 타서 까만 줄 알았는데 말이에요.

"지금부터 10만 년 쯤 전에 인류는 아프리카 대륙을 떠나 유럽과 아시아 대륙으로 넘어갔어. 차츰차츰 다른 대륙으로 퍼져 나가면서 인류의 피부색도 달라지게 되었지. 오랫동안 빙하기가 계속되고, 추운 북쪽 지방에 살았던 사람들은 조금이라도 햇볕을 더 흡수해야 했기 때문에 멜라닌 색소가 없는 편이 살아남기에 더 유리했어. 햇볕이 적당히 내리쬐는 곳에서는 자외선도 적당히 막고 햇볕도 적당히 쫴야 하니까 멜라닌 색소가 적절히 있는 편이 더 좋았단다. 그런 지역에 사는 사람들은 얼굴이 노르스름하단다."

하하! 그러니까 피부색은 조상이 오래오래 전에 햇볕이 얼마나 내리쬐는 지역에 살았느냐에 달렸어요. 적도 한가운데 살았는지, 햇볕이 거의 들지 않는 지구 꼭대기에 살았는지, 아니면 그 중간 어디쯤에 살았는지 말이에요. 오랜 세월 동안 동물도 사람도 자기가 사는 자연환경에 꼭 맞게 살아남았어요. 까마귀처럼 검은 색, 윤기 나는 알밤색, 발그스레한 붉은색, 탐스러운 살구색, 황금빛 누런색……. 사람의 얼굴 빛깔은 모두모두 자연이 정해 준 아름다운 색깔이에요!

아프리카 왕국들

아프리카에는 수많은 종족이 살고 있어요. 반투족, 코사족, 줄루족, 핫자족, 오밤보족, 헤레로족, 나마족, 코이코이족, 이그보족, 쿵족, 산족……. 나는 아프리카 부족의 이름이 부르기 좋고 아름답다고 생각해요. 반투와 코이코이는 아프리카 부족의 언어로 '인간'이라는 뜻이래요. 정말로 멋진 생각이지 뭐예요. 자기 부족을 '인간'이라고 부르다니 말이에요.

아프리카 사람들은 거대하고 요란한 도시를 세우거나 자신들의 역사를 기록으로 남기지 않았어요. 그렇지만 할아버지의 할아버지의 할아버지들이 끝없이 아이들에게 들려주어 전해 내려오는 이야기와 노래와 춤과 종교와 법이 있어요.

오래전에 사하라 사막 너머 숲과 강, 초원, 계곡, 해안가에는 수많은 왕국들이 있었어요. 같은 말을 쓰고 풍습이 비슷한 종족끼리 작은 왕국을 이루어 살았어요. 어떤 종족은 밀림과 초원에서 사냥을 하거나 물고기를 잡고, 어떤 종족은 크고 강한 나라를 세워서 머나먼 유럽과 아라비아 세계까지 이름을 떨쳤어요.

"오래전에 아프리카에는 가나 왕국과 말리 왕국이 있었단다. 가나 왕국은 '황금의 나라'라 불렸어. 말리 왕국은 가나보다 훨씬 더 크고 화려한 왕국을 세웠지. 그 나라에는 수많은 학교와 대학, 도서관 들이 있었고, 세상에서 가장 부유한 왕이 다스리고 있었어. 1358년에 말리 왕국의 만사 무사라는 왕이 아라비아로 순례 여행을 떠났단다. 낙타 100마리에 금을 가득 싣고, 800명의 아내와, 자식들과 형제자매들과 사촌들과 요리사와 시종, 병사들 만 명을 거느리고 떠났는데, 그 행렬이 어찌나 볼만했는지 여행가들이 그 광경을 여행기에 자세히 적어 놓아서 말리 왕국에 대한 소

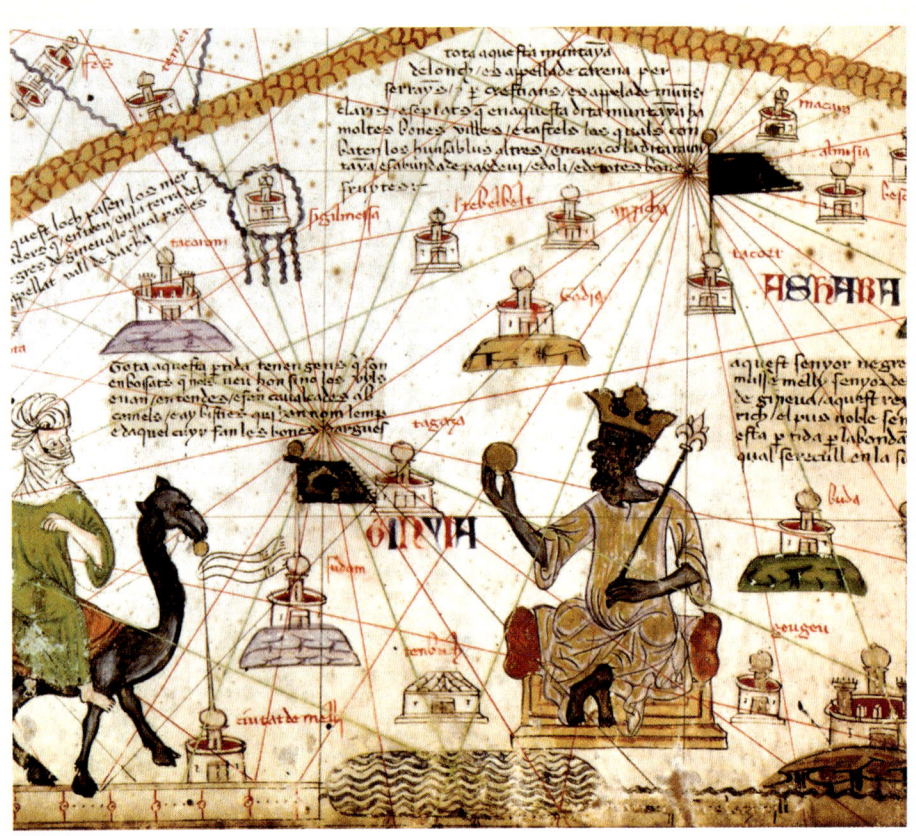

만사 무사는 말리 왕국을 다스렸어요.
옛날 옛적 어느 지도에 누군가 황금빛 관을 쓴 만사 무사를 그려 놓았어요.

문이 온 세계에 퍼졌단다."

옛날에 아프리카에는 부유한 나라들이 많았어요. 나일 강가에는 이집트와 누비아 왕국이 있었어요. '검은 사람들의 땅' 에티오피아에는 악숨 왕국이 있었어요. 남쪽에는 오래되고 풍족한 콩고 왕국과 짐바브웨 왕국이 있었고요. 짐바브웨는 아프리카 말로 '왕의 궁정'이라는 뜻이래요. 그들은 돌로 된 크고 튼튼한 궁전을 짓고 다른 나라와 평화롭게 물건을 사고팔았어요.

하지만 아프리카에 나쁜 일이 일어났어요. 처음에는 나쁜 일이 아니었어요. 1415년에 중국 배들이 황제의 명령을 받고 아프리카 해안으로 찾아왔어요. 중국 사람들은 아프리카 사람들에게 목화와 도자기를 팔고 황금과 구리를 얻어서 돌아갔어요. 아프리카의 왕들은 머나먼 이방 나라에서 배를 타고 손님이 찾아오면 극진히 대접하고 귀한 선물을 주어서 보냈어요.

얼마 뒤에 북쪽에서 얼굴이 하얗고 머리는 금빛으로 빛나는 사람들이 배를 타고 찾아왔어요. 아프리카의 왕들과 족장들은 품위 있고 예의 바르게 손님을 맞이했어요. 하지만 머지않아 손님들의 속마음이 그들의 얼굴색과는 완전히 딴판이라는 것을 알게 됐어요. 처음에는 모험가와 탐험가가 오더니 장사꾼이 왔어요. 다음에

1914년 무렵 아프리카 지도예요.
1400년대부터 500년 동안 유럽이 아프리카 대륙을 지배했어요.
딱 두 곳만 빼고요. 어디 어딘지 찾아보세요.

는 군인들이 한 번도 보지 못한 놀라운 것을 들고 왔어요. 바로 무시무시한 소리가 나는 총이었어요. 그들은 무기로 황금과 상아를 빼앗고, 백성들을 빼앗아 노예로 팔고, 소 떼와 집과 땅을 빼앗았어요.

"1483년에 포르투갈이, 다음에는 프랑스와 네덜란드, 영국, 독일, 벨기에가 아프리카에 와서 케이크를 나누어 먹듯 자기들 마음대로 아프리카 땅을 나누어 가졌단다. 그러고는 그 나라의 공작이나 백작, 탐험가가 총독으로 왔어. 총독의 이름을 따라 영국식, 프랑스식, 네덜란드식, 벨기에식, 독일식으로 나라 이름을 마음대로 지어 불렀지. 그래서 아프리카의 나라 이름에는 뒤죽박죽 유럽의 온갖 나라 말들이 등장한단다."

아프리카에는 나라들이 54개 있어요. 아프리카의 지도를 보면 나라와 나라를 가르는 선이 유난히도 반듯반듯해요. 마치 누군가가 일부러 자로 그어 놓은 것처럼 말이에요. 그건 유럽의 힘센 나라들이 정말로 지도에다 자를 죽 그어서 자기들 마음대로 땅을 가르고 아프리카를 나눠 가졌기 때문이래요. 하루아침에 새로운 국경선에 살게 된 사람들은 모든 게 뒤죽박죽이 되고 말았어요. 쓰는 말도 다르고 풍습도 다른 부족들이 갑자기 같은 나라 사람이 되거나, 이웃 마을이 다른 나라가 돼 버렸어요.

"유럽 사람들은 아프리카에서 땅을 더 많이 차지하려고 전쟁을 벌였단다. 마침내 아프리카 사람들은 자유를 되찾기로 결심했어. 아프리카 곳곳에서 원주민들이 무기를 들고 유럽에 맞서 싸웠어. 추장의 목이 잘리고 부족이 몰살당했어.

유럽 사람들은 500년 동안 아프리카에서 황금과 상아와 노예를 빼앗고 자기네 땅으로 물러갔어. 그 대신 아프리카 대륙에 마음껏 물건을 팔게 되었기 때문이란다.

오랜 싸움 뒤에 1946년에 맨 먼저 이집트가 영국에서 독립했어. 뒤이어 모로코와 튀니지와 수단, 알제리가 나라를 되찾았어. 아프리카에 제일 먼저 도착한 포르투갈은 맨 마지막으로 마지못해 떠났단다. 하지만 어떤 나라도 잘못을 뉘우치고 아프리카에 정중히 사과하지 않았어. 그들은 올 때와 똑같이 무례하게 떠났단다. '쳇! 검둥이들끼리 잘해 보라지.' 유럽의 장교들은 아프리카를 저주하며 떠났어."

나는 아프리카의 지도를 오래오래 들여다봐요. 아무리 작은 나라라도 그 나라가 어디에 있는지 눈 속에 오래오래 담아 두려고요.

아프리카 지도 위에는 반투족, 줄루족, 오밤보족, 나마족, 코이

코이족, 쿵족, 산족……. 아름다운 부족의 이름이 사라지고 괴상하고 낯설고 품위 없는 이름이 남았어요. 세네갈, 리비아, 콩고 민주 공화국, 남아프리카 공화국, 시에라리온, 스와질란드……. 딱딱하고 재미없고 어려워요.

"아프리카 사람들도 자기들 나라의 이름이 멋대가리 없다고 생각한단다. 몇몇 나라만이 간신히 자기들의 오래되고 아름다운 옛날 이름을 되찾았어. 가나와 말리, 짐바브웨가 그렇단다."

나는 지도에서 가나와 말리, 짐바브웨를 찾고 축하해 주었어요.

"아프리카 사람들은 옛날처럼 같은 부족끼리 다시 모이고 그들의 종교와 전통을 되찾고 싶어 한단다. 500년 동안 잃어버린 역사를 되찾기 위해 무엇을 해야 할까? 어떻게 해야 할까? 아프리카 사람들은 아직도 할 일이 많단다. 아프리카 사람들은 고통과 슬픔을 지녔지만, 지구의 그 어떤 사람들보다도 환하게 웃을 줄 안단다."

나는 아프리카를 생각해요. 아프리카에 내리쬐는 태양을 생각해요.

선생님이 아프리카 소년처럼 환하게 웃으면서 말했어요.

"또 다른 아프리카의 이야기가 있지. 내일은 이집트에 대해 배울 거란다."

둘째 날
빛나는 이집트 왕국

"옛날에 이집트는 굉장한 나라였단다!"

선생님은 이집트에 대해서는 배울 것이 아주 많다고 했어요. 그래서 천천히 오랫동안 배웠어요.

우리는 지도에서 이집트를 찾아보았어요. 이집트 북쪽에 지중해 바다가, 동쪽에는 홍해 바다가, 서쪽에는 사하라 사막이 펼쳐져 있어요. 이집트 땅 한가운데로는 길고 긴 나일 강이 흘러가요.

"이집트는 아프리카 대륙에 있는 나라들 중에서 가장 유명하단다. 아니 세계의 역사에서 가장 유명하지. 오래 전에 인류가 대부분 아직도 석기 시대에 살고 있을 때, 이집트 사람들은 왕을 뽑고,

글자를 발명하고, 달력을 정하고, 도시를 세우고, 거대한 신전들과 무덤을 지을 만큼 크고 강한 나라가 되었단다.

이집트는 3000년 동안 세계에서 가장 세련된 나라였어! 남자도 여자도 아름다운 옷을 지어 입고, 가발을 쓰고, 화장을 하고, 향수를 뿌리고, 초상화를 그리고, 장신구를 주렁주렁 매달고, 글씨를 쓰고, 학교에 다니고, 신들에게 우아하게 제사를 지냈단다."

선생님이 두툼하고 멋진 이집트 책에서 아름다운 그림 글자를 찾아 보여 주었어요. 이집트의 그림 글자는 정말 아름다워요. 돌이나 점토판에 이런 글자를 쓰려면 시간이 아주아주 오래 걸렸을 거예요. 새와 항아리와 사람의 눈 모양을 그려 놓은 이 점토판은 무슨 뜻일까요? 이런 글자는 아무나 배울 수 없고, 신들의 이야기를 기록하는 사제와 서기 들만이 썼대요. 서기가 되려는 사람만이 학교에 다니고 어려운 글자를 배웠고요.

"이집트의 글자는 중국의 한자처럼 동물이나 식물, 사람, 물건의 모양을 본떠서 만들었는데, 이런 글자를 상형문자라고 부른단다. 하지만 지금은 이집트에서 자기네 나라의 오래된 글자를 아는 사람이 아무도 없지. 이집트의 상형문자는 오래전에 사라져 버렸단다. 아무도 쓰지 않아서 글자들이 죽어 버린 거야."

글자들도 죽는다니! 기분이 이상했어요.

"이집트의 비밀은 그렇게 암호 속에 묻혔단다."

나는 무덤 속에 잠자는 글자들을 생각해요. 글자들이 귀신처럼 둥둥 떠다니는 건 아닐까요?

"그러던 어느 날…… 글자들이 살아났단다!"

나는 너무 놀라 모기만 한 소리로 물었어요.

"어떻게요?"

"프랑스의 한 고고학자가 이집트의 상형문자를 해독했단다! 이집트의 글자와 그리스의 글자가 나란히 적혀 있는 비석이 발견되었거든. 샹폴리옹은 비석의 내용을 비교하고 악마의 수수께끼를 풀듯 고생고생 이집트의 상형문자를 해독했단다."

이집트에는 그림 글자를 적은 파피루스와 점토판 책이 산더미처럼 있었어요. 그림 글자를 해독하고 고고학자들은 깜짝 놀랐어요. 이집트가 얼마나 오래된 나라인지, 옛날에 어떤 왕들이 있었는지, 얼마나 부자였는지, 누구누구와 전쟁을 벌였는지 낱낱이 알게 되었대요.

"지구에는 수많은 나라와 종족이 있었지만, 우리는 먼 옛날에 모든 나라와 모든 사람들에게 무슨 일들이 있었는지 다 알지 못

점토판에 무슨 이야기가 씌어 있을까요?
글자가 아주 많아요. 새, 항아리, 사람의 눈, 앉아 있는 사람, 농기구, 풍뎅이도 있어요.

한단다. 그들은 아무런 흔적을 남기지 않고 세계에서 사라져 버렸지. 하지만 5000년 전에 이집트에 살았던 사람들은 자기들이 어떻게 살았고 무엇을 했고 어떻게 죽었는지 그림과 글자와 항아리와 예술품으로 놀랍도록 아름다운 흔적을 남겼단다."

이집트 사람들은 정말로 그림을 많이 그렸어요! 파피루스와 점토판, 신전, 무덤 벽에 가득 글자를 새기고 그림을 그렸어요. 왕들의 시체를 영원히 썩지 않는 미라로 만들어 피라미드 속에 보관하고, 무덤에 왕들의 업적을 새겼어요.

왕들의 계곡

"이집트 사막에 지금도 우뚝 서 있는 피라미드는 강대했던 이집트 왕들의 무덤이란다. 고대의 어떤 왕들도 이렇게 거대한 무덤을 만들 생각은 하지 못했지. 이집트 사람들은 죽으면 영혼이 몸을 떠나가지만 언젠가는 영혼이 육체로 되돌아와 다음 생애에서 다시 삶을 이어 간다고 생각했단다."

영혼이 다시 몸을 찾아올 때 시체가 썩어서 사라지고 없다면 큰일이에요! 그래서 이집트 왕들과 귀족들은 어마어마한 비용으로 시체를 미라로 만들어 영원히 썩지 않게 보관했어요. 미라를 금관과 나무 관과 돌로 만든 관에 차곡차곡 넣고, 그것도 모자라 어떤 왕들은 자기의 무덤 위에 거대한 돌을 쌓아 올려 어마어마한 높이로 피라미드를 만들게 했어요.

쿠푸 왕의 피라미드는 높이가 자그마치 50층짜리 빌딩만 하대요. 그때는 바퀴도 기중기도 없었는데 무거운 돌덩이를 어떻게 그렇게 높이까지 들어 올려 차곡차곡 쌓았을까요?

이집트의 왕들은 미라로 변신해서 보물들과 함께 피라미드 속에 꼭꼭 묻혔어요. 신하들은 미라로 가는 길을 아무도 알아볼 수 없도록 막아 버렸어요. 왕의 시신을 피라미드 속에 묻은 다음에는 땅속에서 다른 길을 파고 비밀스럽게 바깥으로 빠져나왔어요.

하지만 도둑들은 영리한 신하들보다 더 영리해서 왕들이 죽고 나서 얼마 되지 않아 미라와 보석들을 몽땅 훔쳐 가 버렸어요. 그 뒤로 왕들은 더 이상 피라미드를 짓지 않았고, 신하들은 나일 강 서편 바위산 계곡에 암벽을 파고 왕족의 시신들을 묻었어요. 넓은 바위산 계곡 어디쯤에 시신이 묻혀 있는지 오래도록 아무도 몰랐어요.

하지만 수천 년 뒤에 고고학자들이 발견했어요!

"나일 강 서편에 왕들의 계곡과 왕비들의 계곡이 있단다. 1922

이집트 땅 한가운데로 구불구불 나일 강이 흘러가요.
나일 강은 어느 쪽에서 어느 쪽으로 흘러가고 있을까요?

년에 영국인 고고학자가 왕들의 계곡에서 3000년도 더 된 소년 왕 투탕카멘의 황금 미라와 엄청난 보물을 발견했지. 그 뒤에는 미국인 탐험가가 람세스 2세의 자녀들 무덤을 발견했어. 땅속에 방들이 120개나 죽 늘어서 있는 어마어마한 무덤이었단다."

이집트의 왕들은 도둑을 염려했지만 고고학자들이 무엄하게도 자신의 시신을 파내어 박물관으로 가져갈 줄은 몰랐을 거예요. 번쩍거리는 유리 진열장 속에 누워 계신 미라 왕들의 기분이 어떨지 조금은 궁금해요. 땅속 황금 궁전만은 못하겠지만 그래도 수많은 사람들이 자기를 찾아와서 알현하면 흐뭇하겠죠?

이집트 왕들은 정말 죽어서도 영원히 살고 있어요!

나일 강가의 사람들

이집트 왕들의 무덤은 진짜 집이나 다름없어요. 무덤 안에는 가구와 악기를 들여놓았고, 요리사와 빵 굽는 사람, 이발사를 조각상으로 만들어 함께 넣어 두었어요. 저승으로 가는 길에도 왕들이 음식을 먹고 면도를 해야 한다고 생각했거든요.

고대 이집트 사람들의 무덤이나 신전의 벽에는 화려한 색깔로 그려 놓은 그림들이 가득해요. 이 그림들을 보고서 우리는 이집트 사람들이 어떻게 살았는지 알 수 있어요. 도공이 물레를 돌리고, 목수가 톱으로 널빤지를 켜고, 무두장이가 걸상에 앉아 샌들을 만들고, 대장장이는 풀무를 밟고, 농부는 소를 몰아요. 어부는 바구니에서 물고기를 꺼내 대장장이에게 주고, 대장장이는 낚싯바늘을 어부에게 건네줘요. 농부는 과일을 구두 한 켤레와 바꾸고, 사냥꾼은 새장에 든 새를 목걸이와 바꾸고요. 아이들은 공놀이를 하고 피리를 불어요.

귀족들은 사치스러운 정원과 그늘진 숲이 딸린 호화 주택에 살았어요. 그들은 사냥한 고기와 새, 케이크, 과일, 포도주, 과자를 먹었어요. 하지만 보통 사람들은 흙벽돌로 지은 오두막에서 북적거리며 살았고, 강에서 잡은 물고기와 콩, 양파, 마늘, 양상추, 오이를 먹었어요. 오두막에 가구라고는 고작 의자와 궤짝, 항아리 몇 개뿐이었어요. 가난한 사람들이 죽으면 시신이 건조한 사막에 묻혀 햇볕에 바짝 마르고 저절로 미라가 되었어요. 이것을 보고 이집트 사람들이 미라를 만들게 되었대요.

이집트 땅은 대부분이 사막이에요. 사방이 황량한 돌무더기와 바위산, 모래 언덕이고 일 년 내내 비도 오지 않지요. 그런데 그런 곳에 어떻게 사람들이 살고 문명이 생겨났을까요?

도서관 구석에서 커다란 이집트 벽화를 발견했어요!
이집트 사람들이 무엇을 하고 있을까요?

"그건 '기적의 강' 덕분이란다. 이집트 한가운데로 거대한 나일 강이 흐르고 있지. 나일 강 주변의 좁은 땅에 수많은 사람들이 모여서 살았단다. 놀랍고 신기하게도 나일 강물은 일 년에 딱 한 번, 해마다 7월이 되면 엄청나게 불어나서는 강 주변을 흥건하게 적셔 주었단다. 나일 강 주변은 온통 사막이지만 강물이 한번 훑고 지나간 촉촉하고 검붉은 땅에 씨앗을 심으면 곡식이 잘 자랐어. 11월에는 강물이 다시 마르지만 사람들은 걱정하지 않았단다. 착하게 살고 신들을 노엽게 하지 않는다면 어김없이 다음 해 여름에 또다시 강물이 불어나서 온 땅을 촉촉하게 적시고, 씨앗을 심으면 땅에서 다시 곡식들이 자랄 것을 알았기 때문이야.

하지만 지금은 나일 강 상류에 거대한 댐을 만들었어. 더 이상 나일 강은 일 년에 한 번 저절로 불어나서 비옥한 흙을 실어 나르는 기적의 강이 아니게 되었어. 이젠 이집트 사람들도 댐 문을 열었다 닫았다 하면서 농사를 짓는단다."

먼 옛날, 지금으로부터 5000년 전에 이집트는 세계에서 가장 위대한 나라였고 석기 시대와 청동기 시대에 3000년 동안이나 화려한 문명을 뽐냈어요. 수많은 나라들이 이집트를 부러워하고 이집트를 따라 했어요. 이집트 사람처럼 옷을 입고 이집트 사람처럼 집을 지었어요.

하지만 2500년 전에 고대 이집트 왕국은 멸망했어요. 멀리 동쪽으로부터 이란 제국이 쳐들어와서 나라를 빼앗겼고, 그 뒤로는 차례차례로 그리스와 로마, 아라비아, 터키, 영국의 지배를 받았어요.

그렇지만 사람들은 지금도 여전히 이집트를 좋아해요. 세계 모든 아이들이 피라미드와 미라 이야기에 귀를 쫑긋하고, 패션모델은 이집트 왕비를 따라 하고 화가들은 이집트의 무덤 벽화를 보러 가지요. 피카소는 이집트의 그림에 홀딱 반해서 이집트 사람들처럼 그림을 그리고 싶어 했어요.

2부
아시아

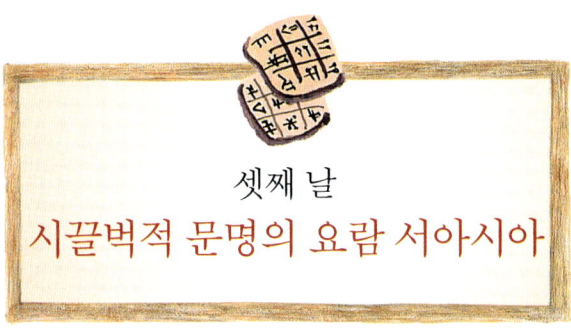

셋째 날
시끌벅적 문명의 요람 서아시아

이집트에서 좁다란 홍해 바다를 건너면 아시아 대륙이에요!

아시아 대륙은 정말 커요. 지구에서 가장 높은 히말라야 산맥이 있고, 육지 속에 갇혀 버린 바다가 있고, 메마른 초원과 사막, 북쪽에 드넓은 시베리아 평원이 있는 거대한 대륙이에요. 이렇게 거대한 땅덩어리가 이집트와 시나이 반도 사이 좁다란 땅으로 간당간당 아프리카 대륙과 이어져 있어요. 지도를 보세요! 거인이 칼로 댕강 베면 곧바로 떨어져 버릴 만큼 아슬아슬하게 붙어 있는 걸요. 그래서 사람들이 이곳에 운하를 팠어요. 홍해의 바닷물과 지중해의 바닷물을 이어 배를 타고 인도양에서 곧바로 지중해로 가

아시아 대륙은 너무 크고, 산맥과 사막에 가로막혀서 이쪽 끝에서 저쪽 끝까지 서로 오가기 쉽지 않았어요.

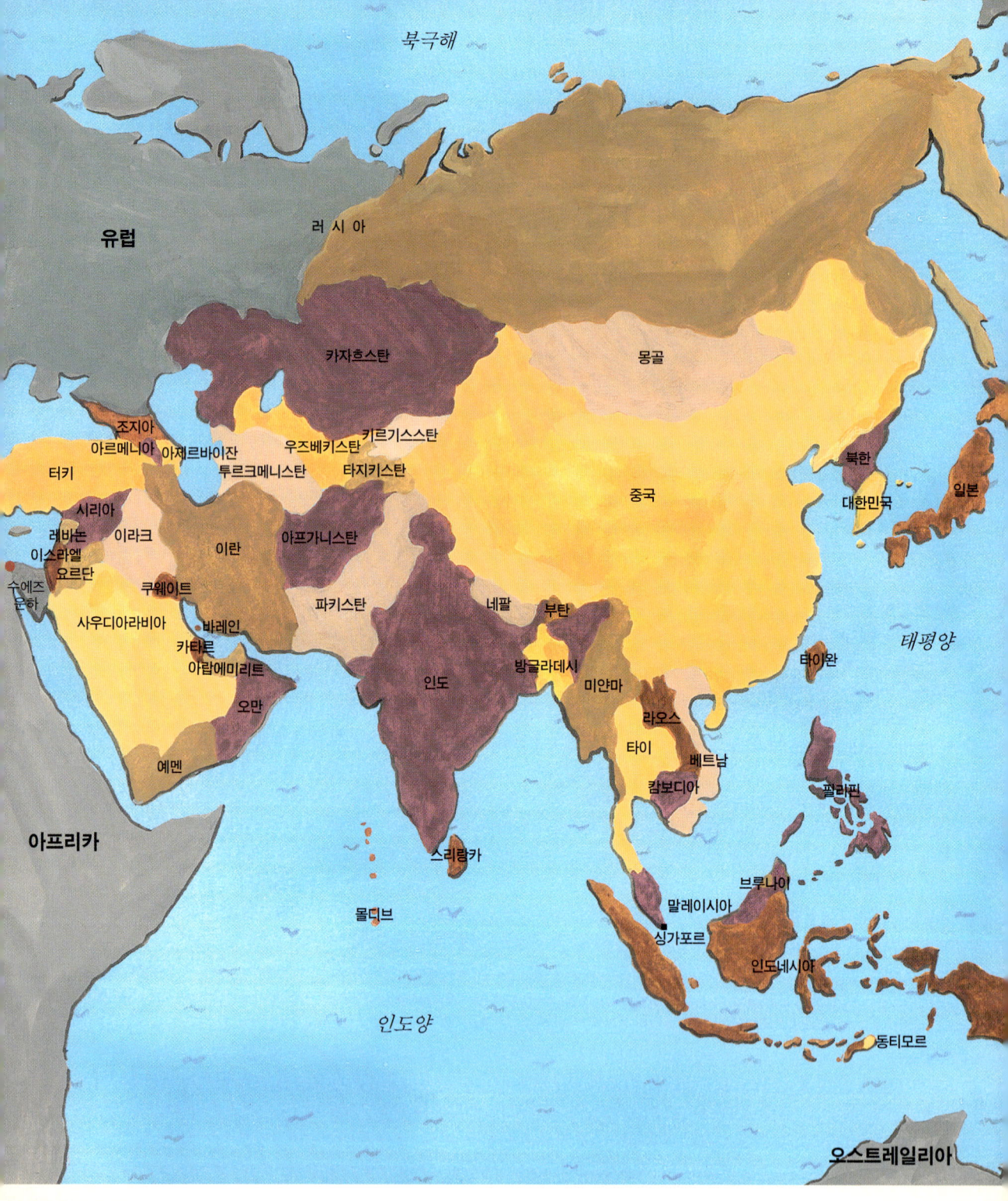

아시아 대륙에는 나라들이 몇 개 있을까요?

려고요! 바로 **수에즈 운하**예요!

나는 대륙의 지도 중에서 아시아의 지도가 가장 예쁘다고 생각해요. 땅 모양도 예쁘고 나라들의 모양도 멋져요! 그건 아시아의 나라들이 정말로 오래되었다는 뜻이래요. 높고 높은 산맥과 고원, 깊숙한 밀림과 강, 바다와 사막 같은 자연의 경계들이 저절로 나라와 나라를 가르는 국경선이 되었기 때문이에요.

나는 오늘 하루 종일 지도를 그리면서 놀았어요. 나라마다 예쁘게 색칠하고, 산맥도 그리고 강도 그렸어요. 이렇게 하면 나라들을 더 잘 기억할 수 있거든요.

우리는 아시아 대륙의 서쪽 나라들부터 배웠어요. 중국 너머 인도 너머 아시아 서쪽 끝에 살고 있는 사람들은 같은 아시아 사람인데도 생김새가 다르고 피부색도 달라요. 자연 풍경도 살아가는 모습도요. 서쪽 아시아에는 이스라엘, 요르단, 레바논, 시리아, 이라크, 이란, 쿠웨이트, 바레인, 카타르, 아랍에미리트, 사우디아라비아, 예멘, 오만이 있어요.

"지도를 잘 보아 두렴. 옛날부터 이곳에서 중요한 일들이 많이 일어났단다. 서아시아는 아프리카도 가깝고 유럽도 가깝고 아시아의 여러 나라들 하고도 가까웠어. 서로 다른 종족끼리 자주 마주치는 곳에서는 무슨 일인가가 일어나기 마련이야. 싸우기도 쉽고, 물건을 바꾸기도 쉽고, 서로서로 보고 배울 것도 많고."

서아시아는 먼 옛날부터 조용할 날이 없었대요. 빙하기가 지나고 석기 시대가 지나고, 인류가 처음으로 농사를 짓고 사람들이 많이 모여 살기 시작했을 무렵부터 그랬어요.

"서아시아의 땅은 대부분 고원이나 초원, 사막으로 되어 있단다. 이곳 사람들은 오랜 세월 가축 떼를 몰고 풀밭을 찾아 여기저기 떠돌면서 살았어. 지도를 보렴. 메마른 초원과 사막으로 둘러싸인 땅 어딘가에 풍성하게 물이 흐르는 커다란 강이 두 개 있단다."

강이라고요? 나는 숨은그림찾기를 하는 것처럼 지도에서 강을 찾아 헤맸어요. 나는 아주아주 오래 걸려서 강물 두 개가 바다로 빠지는 곳을 발견했어요. 이 좁다란 바다를 페르시아 만이라고 부른다는 것도요.

"그래, 바로 거기란다. 왼쪽에 있는 강이 유프라테스, 오른쪽에 있는 강이 티그리스란다. 그리스의 한 유명한 역사가가 이곳으로 처음 여행을 와서는 자기 나라 말로 '두 강 사이의 땅'이라고 메소포타미아라고 불렀어. 이라크의 수도 바그다드에 티그리스 강

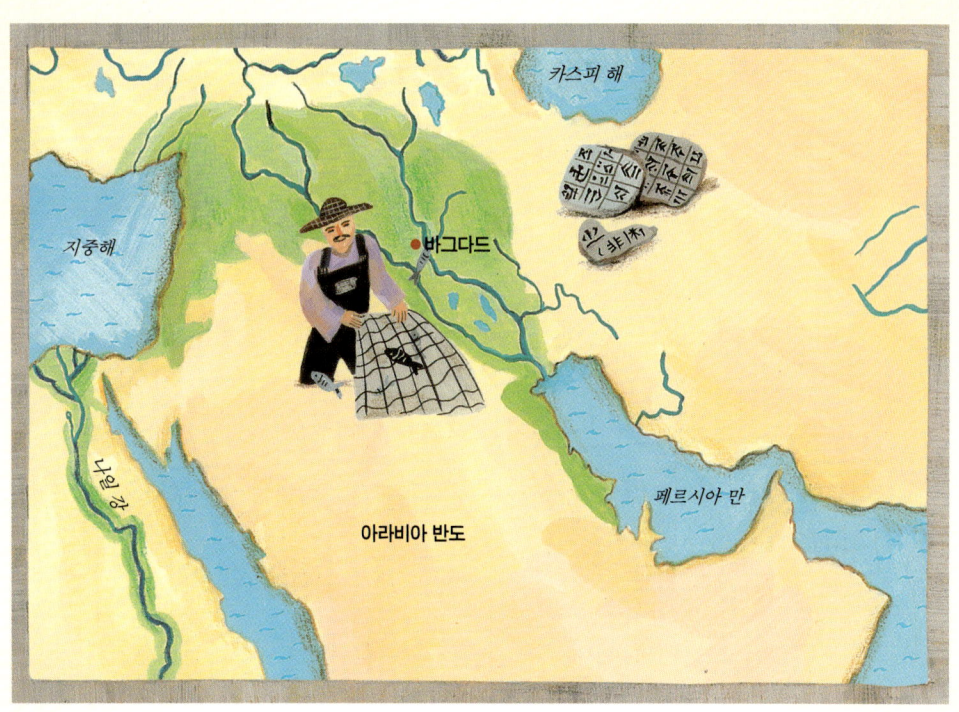

유프라테스 강과 티그리스 강을 찾아보세요.

이, 그 왼편에 유프라테스 강이 흘러가고 있지. 수천 년 동안 강줄기가 조금 바뀌었을 뿐, 지금도 유프라테스 강과 티그리스 강변에는 도시가 있고 시장이 있고, 5000년 전 그때처럼 어부들은 물고기를 잡고 아이들은 배를 타고 노는걸."

선생님이 내 눈을 들여다보면서 조용히 속삭이듯 말했어요.

"그러니까 잘 기억해 두렴. 인류의 역사에서 무슨 일인가 일어난 곳은 대부분 큰 강 주변이었다는 것을 말이야."

알겠어요. 이집트의 나일 강처럼 말이지요?

수메르 문명

오늘은 5000년 전에 유프라테스 강과 티그리스 강 주변에서 살았다는 사람들에 대해 배웠어요. 5000년 전에 이곳에는 수메르족이 살았어요. 수메르족이 어디서 왔는지는 아무도 모른대요. 수메르어를 쓰고 자기들을 '검은 머리 사람'이라고 불렀다는 것밖에는요.

수메르족은 강가에 벽돌을 빙 둘러 성벽을 쌓고, 그 안에 왕궁과 사원, 집들을 짓고 인류 최초로 도시를 세웠어요! 그렇게 오래전 일을 어떻게 아는 걸까요?

"고고학자들이 유프라테스 강과 티그리스 강변의 모래 언덕을 파헤치고 유적을 발견했단다. 놀랍게도 5000년 전에 이곳에서 살았던 사람들의 흔적이 고스란히 발견되었지. 수메르 사람들은 진흙으로 점토판을 만들고 그 위에 철심으로 글자를 새겼어. 다 쓰고 나면 점토판을 햇볕에 말려서 보관했어.

수메르 사람들은 인류 최초로 글자를 발명했단다. 수메르 사람들이 점토판에 새긴 글자는 뾰족한 삼각형이나 쐐기 모양으로 보이기 때문에 쐐기문자라고 불린단다. 고고학자들이 끈기 있게 이 글자들의 비밀을 파헤쳐 수메르 사람들이 고대 이집트인보다도 먼저 글자를 발명하고 도시를 세우고 수준 높은 문명 생활을 했다는 것을 알게 되었어. 얼마 전까지만 해도 사람들은 이집트 문명이 지구에서 가장 오래되었다고 믿었지만 말이다. 이라크에는 아직도 발굴해야 할 고대 수메르 시대의 유적이 땅속에 층층이 묻혀 있단다."

수메르족은 정말 똑똑했어요! 인류 최초로 물레와 수레바퀴와 유리를 발명하고 수학 공부를 했다지 뭐예요. 수메르 사람들은 어려운 곱셈을 할 줄 알았고, 처음으로 원을 360칸으로 나누고, 60단위로 시간을 재었어요. 그러니까 시계 판의 긴 바늘이 60초에

한 바퀴, 짧은 바늘이 60분에 한 바퀴씩 돌게 된 건 수메르 사람들 덕분이에요. 이제 시계 판을 볼 때마다 수메르 사람들이 생각날 것 같아요.

선생님은 옛날 옛적 수메르에 살았다는 어느 왕의 이야기를 들려주셨어요.

"옛날 옛날에 수메르에 길가메시라는 왕이 살았단다."

"이름이 웃겨요."

"길가메시는 유명한 왕이었어. 최초의 왕이기도 하고. 길가메시 왕의 이야기는 아주 오래되었는데, 지금부터 4000년 전에 점토판에 쓰였으니까 이야기가 입에서 입으로 전해진 건 그보다 훨씬 더 오래되었을 것이라고 추측한단다. 세상 모든 영웅들의 모험 이야기는 이 이야기를 따라 생겨났어. 이건 인류 최초의 모험 이야기란다."

"모험 이야기라고요? 내가 모험 이야기를 얼마나 좋아하는데요. 빨리 해 주세요!"

길가메시 이야기

"옛날 옛날에, 그러니까 호랑이가 담배 피우고 신들과 인간이 서로 이야기를 나누던 시절의 이야기란다. 길가메시는 게으른 왕이었어. 아무한테나 싸움을 거는 말썽꾸러기 폭군이었지.

신들은 길가메시를 혼내 주려고 엔키두를 내려 보냈단다. 엔키두는 몸집이 크고 털이 수북하게 난 거인이었는데, 사람 냄새를 싫어하고 동물들의 말을 알아듣는 동물들의 친구였어. 사람들의 덫에 걸린 불쌍한 동물들을 엔키두가 풀어 주었지.

어느 날 엔키두와 길가메시는 숲 속에서 딱 마주쳤단다. 둘은 누가 더 센지 판가름 내려고 사자처럼 뒤엉켜 요란하게 싸웠어. 하지만 이긴 쪽도 진 쪽도 없었고, 싸움이 끝났을 때는 신들의 뜻과는 달리 둘이 떼려야 뗄 수 없는 친구가 되고 말았어! 길가메시와 엔키두는 둘이 힘을 합쳐 두 배로 사나워져서는 수많은 괴물들과 싸우고 용들과도 싸웠어. 심지어 하늘의 황소까지 죽이는 일을 벌였단다. 신들은 몹시 화가 났고, 이 세상에 말썽꾸러기를 두 배나 늘렸다고 한탄하면서 엔키두를 죽여 버렸단다.

길가메시는 비탄에 잠겼어. '죽음'이라는 것이 무엇일까. 어떻게 하면 죽음이라는 것을 넘을 수 있을까. 그것이 알고 싶어 길가메시는 세상 끝으로 모험을 떠났단다. 가엾은 길가메시에게 신들이 알려 주었지. 죽음에 맞서려면 먼저 죽음의 누이동생인 '잠'을 정복해야 한다고 말이야. 하지만 길가메시는 잠과 맞서자마자 꾸벅꾸벅 졸고 말았어. 시는 마지막에 이렇게 노래한단다.

> 길가메시여, 그대가 찾는 것을 결코 찾을 수 없으리라.
> 신들이 인간을 창조할 때 죽음을
> 인간의 숙명으로 안겨 주고
> 영생의 삶을 거두었기 때문이오.
> 그대가 살아 있는 시간을 즐겁게 충만하게 보내오.
> 그대의 손을 잡는 어린아이를 사랑하고
> 그대의 아내를 품에 안고 즐겁게 해 주오.
> 기껏해야 이런 것들만이 인간이 해낼 수 있기 때문이라오.

수메르 사람들은 길가메시 이야기를 좋아했어. 까마득한 옛날부터 할머니가 손자에게 들려주고, 손자가 또 손자에게 들려주고 학교에서 가르쳤단다."

여러 종족이 탐낸 '두 강 사이의 땅'

선생님이 서랍에서 엽서를 꺼냈어요. 수메르의 유물 사진이에요. 두 손을 가슴에 모으고 허리에 양가죽 치마를 두르고 기도하는 대머리 남자의 조각상이 있었어요. 표정이 정말 귀엽고 웃겨요. 아무리 고약한 신이라도 도저히 기도를 들어주지 않고는 못 베길 것 같아요. 훗! 길가메시 왕도 이렇게 생겼을까요? 다른 엽서에는 수메르 부부의 조각상이 있었어요. 아줌마는 단발머리, 아저씨는 길게 수염을 기르고, 둘이 다정하게 손을 맞잡고 있어요. 꼭 아이가 찰흙으로 방금 만든 것 같아요. 이것을 보고 있으면 수메르 사람들이 이웃 동네에 살고 있는 사람들처럼 가깝게 느껴져요.

"가지렴! 수메르를 공부한 기념으로 주는 거란다."

수메르의 엽서는 내 보물 1호예요! 내 보물 1호는 인형이었다가 동물 잠옷이었다가 마녀백과사전이었다가 자꾸자꾸 바뀌지만 앞으로는 절대로 바뀌지 않을 거예요. 나도 언젠가는 선생님처럼 온 세계의 박물관으로 여행을 떠날 거예요. 박물관에서 보물을 훔쳐 올 수는 없겠지만 보물들의 사진은 가질 수 있겠지요? 세계 유물들의 사진이 들어 있는 엽서로 나만의 박물관을 지을 거예요.

"그런데 수메르 사람들은 어떻게 되었어요? 아직도 그곳에 살고 있나요?"

수메르의 엽서는 내 보물 1호예요!

"수메르족은 1300년 동안 번성하다가 다른 부족에게 멸망했단다. 수메르 지역은 살기 좋은 땅이었기 때문에 북쪽과 남쪽에서 여러 부족들이 들어와 싸움을 벌였어. 부족과 부족 사이에 끊임없이 전쟁이 일어났지. 언제나 힘 있고 용감한 부족만이 살아남았어. 수메르족 뒤에 바빌로니아족, 바빌로니아족 뒤에 아시리아족이, 아시리아족 뒤에 또 바빌로니아족이 두 강 사이의 땅을 차지했어. 그다음엔 이웃 나라 이란의 키루스 대왕이 바빌로니아 제국을 무너뜨렸단다. 그 다음엔 알렉산드로스 대왕이 쳐들어와 이 기름진 땅을 그리스의 식민지로 만들었고. 이어서 로마인들이 왔고 그다음에는 남쪽에서 아라비아인이, 동쪽으로부터 몽골족이, 마지막으로 터키 제국이 이 땅을 차지했어. 마침내 터키 제국이 물러가고 지금의 이라크가 되었단다."

정말 머리가 어질어질해지는 이야기예요. 이라크 사람들은 자기 나라 역사를 배울 때 정말 골치가 아플 것 같아요.

"수천 년 동안 수많은 종족이 들어와 전쟁을 치르고 또 치르느라 '두 강 사이의 땅'은 오래전에 폐허가 되었어. 성벽과 궁궐과 신전이 무너지고, 무너진 성벽의 잔해를 평평히 고르고, 그 위에 누군가가 또다시 궁궐과 신전을 세우고 무너뜨리기를 수없이 되풀이했기 때문에 유프라테스 강과 티그리스 강변에는 곳곳에 거대한 언덕이 생겨났단다. 유프라테스 강과 티그리스 강 주변에는 이렇게 생겨난 언덕들이 만 개나 있단다! 오래전 용맹한 사람들의 유물을 간직한 채 언덕들은 황량하게 버려졌지. 하지만 지금도 이라크 사람들은 인류 최초의 문명이 탄생한 유프라테스 강과 티그리스 강변의 언덕을 자랑스럽게 생각한단다."

"저도요!"

넷째 날
유대 민족과 크리스트교

오늘은 서아시아의 또 다른 유명한 종족에 대해서 배웠어요. 바로 유대 민족 이야기예요. 처음에 유대 민족은 서아시아의 조그만 땅에 살던 작고 힘없는 민족이었지만 지금은 세상에서 가장 유명한 종족이 되었어요. 유대인 이야기라면 나도 많이 들어 보았어요. 악명 높은 히틀러에게 당한 가엾은 민족이잖아요. 그림책과 만화책에서 많이 봤어요. 나는 아트 슈피겔만의 만화 『쥐』를 좋아해요. 몇 번이나 보고 보고 또 보는걸요. 거기에 나오는 생쥐가 유대인인데요, 정말 웃기고 재밌고 슬퍼요! 그 생쥐 가문의 이야기를 해 주신다니 귀를 쫑긋하고 들어야겠어요.

"『쥐』를 읽어 봤다고? 나도 좋아한단다. 읽을 때마다 웃다가 휴지에 코를 팽 풀다가 그랬지. 지금부터 하려는 이야기가 바로 그 종족의 이야기인데, 아주 오래된 이야기야.

먼 옛날에 유대 민족은 수메르족, 바빌로니아족, 아시리아족과 함께 두 강 사이의 땅 주변에서 살았단다. 이곳에는 오래전부터 수많은 부족들이 살고 있었어. 부족마다 섬기는 신들도 달랐어. 바람의 신, 물의 신, 태양의 신, 전쟁의 신, 곡식의 신……. 옛날에는 수많은 신들이 있었고 신들이 많으면 많을수록 좋다고 생각했어. 그런 종교를 다신교라고 부른단다.

신들이 많으면 많을수록 좋다고 생각한 다른 부족들과는 달리 유대 민족은 눈에 보이지 않는 '하느님' 한 분만을 믿었어. 이제부터 그 이야기를 들려주마."

가나안 땅의 유대 왕국

"먼 옛날에 메소포타미아에 아브라함이라는 사람이 살았단다. 아브라함은 유대 민족의 족장이었어. 아브라함은 하느님의 명령을 따라 두 강 사이의 땅을 떠나 양들과 가족, 하인들을 거느리고 서쪽 가나안 땅으로 향했단다. 바로 지금의 이스라엘 땅으로 말이야.

성경의 창세기에 그 이야기가 전해져 내려오는데 성경 이야기는 유대 민족의 역사 이야기이기도 하단다. 아브라함은 가나안 땅에서 자손을 많이 낳고 번성했어. 아브라함이 이삭을 낳고, 이삭이 야곱을 낳고, 야곱이 요셉을 낳고……. 수많은 자손들의 후예가 유대 왕국의 백성이 되었단다.

성경의 창세기에는 요셉이 형들에게 시샘 받아 이집트의 노예로 팔려 가는 이야기가 나오지. 그 이야기는 읽어도 읽어도 재미있어. 상인에게 노예로 팔려 간 요셉이 어떻게 이집트에서 파라오의 신임을 얻고 충성스러운 신하가 되는지, 가나안 땅에 흉년이 들었을 때 어떻게 형들을 용서하고 가족을 이집트로 데려오는지 흥미진진한 이야기가 이어지지. 파라오는 요셉의 가족들을 친절히 백성으로 맞아 주었어. 야곱과 요셉의 후손은 400년 동안 이집트의 백성으로 살았단다. 하지만 먼 훗날 파라오들은 오래전 요셉의 일을 잊어버렸고 유대 민족을 이집트의 노예로 부려 먹었어. 유대 민족은 일평생 파라오의 명령에 따라 채찍을 맞으며 허리가

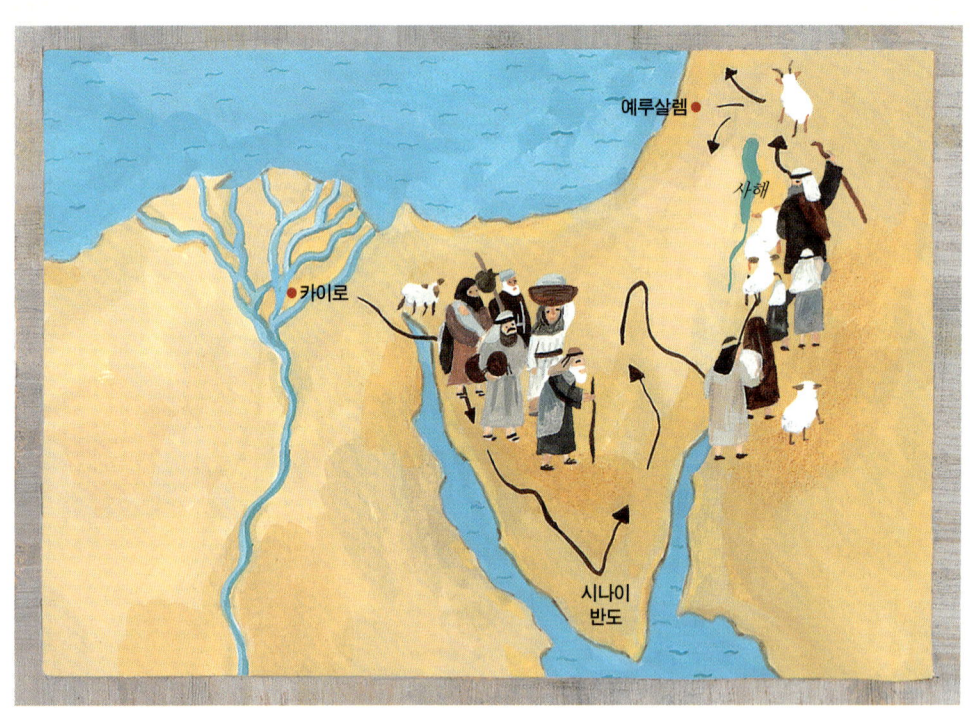

3000년 전 유대 민족이 이집트에서 탈출하여
시나이 반도를 지나 지금의 이스라엘 땅으로 갔어요.

휘도록 일했단다. 마침내 그 유명한 모세가 나타나 파라오와 담판을 지을 때까지 말이야. 모세는 파라오를 이기고 유대 민족을 이끌고 홍해를 건너 이집트를 탈출한단다.

유대 민족은 가나안 땅으로 돌아와 작은 왕국을 세웠어. 다윗 왕과 솔로몬 왕 시대에 유대 왕국은 튼튼하고 강한 나라가 되었지. 하지만 유대 민족은 하느님을 잊어버리고 가난한 백성을 돌보지 않고 점차 교만해졌어. 그리고 유대 민족은 멸망한단다. 바빌로니아와 아시리아가, 마지막으로 로마 제국이 차례로 가나안 땅을 정복해 버렸고 유대 민족은 나라도, 이름도 없는 떠돌이 백성이 되었단다."

"나는 성경에 나오는 이야기가 정말로 있었던 이야기인 줄은 몰랐어요. 이스라엘 백성들의 역사 이야기인 줄도요."

"성경 이야기는 재미있지만, 여기까지뿐이었다면 우리는 결코 서아시아의 조그만 땅에 살았던 유대 민족에 대해 알지도 못하고 알 필요도 없었을 거야. 그런데 지금으로부터 2000년 전에 로마의 조그만 식민지였던 유대 땅에서 놀라운 사건이 일어났단다. 그 사건은 너무나도 유명해져서 이제 그 이야기를 모르는 사람은 지구에 별로 없게 되었지. 바로 아기 예수의 탄생과 죽음에 관한 이야기란다."

위대한 예수

그 이야기라면 나도 알아요. 지금부터 2000년 전, 아브라함의 머나먼 후손 중에서 예수라는 아이가 태어났어요. 이스라엘의 작은 마을 베들레헴의 초라한 마구간에서 목수의 아들로 태어났어요. 하지만 죽을 때는 위대한 성인, 하느님의 아들이라 일컬어지게 되었어요.

"예수의 삶과 이야기는 성경에 기록되어 2000년 동안 전해져 내려왔단다. 예수는 가난한 사람들과 병자들의 친구였어. 수많은 사람들의 병을 고쳐 주고 불행한 사람들과 고통받는 사람들을 위로해 주었단다. 예수는 이야기를 많이 했어. 샌들을 신고 돌길을 걸어 다니면서 이야기하고 또 이야기했지. 예수는 사람들에게 이렇게 말했단다.

'원수를 사랑하여라!'

인류는 전에 한 번도 그런 말을 들어 보지 못했어. '눈에는 눈, 이에는 이'라는 말을 들어 보긴 했어도 말이야. 하지만 예수는 말했단다. 왼뺨을 치면 오른뺨도 돌려 대 주고, 속옷을 달라고 하면

2000년 전에 아기 예수가 태어났어요.
천사들과 동방에서 온 박사들이 아기 예수의 탄생을 축하해 주고 있어요.

겉옷까지 내어 주라 하셨지. 자기를 사랑하는 사람뿐만 아니라 나를 미워하는 사람조차도 사랑하여라, 눈에 보이는 이웃을 사랑하는 것이 곧 눈에 보이지 않는 하느님을 사랑하는 것이라고 말이야. 예수의 말에 사람들은 놀라고 부끄러웠어. 그 말을 실천하기가 너무나도 어려웠기 때문이야.

예수를 따르는 무리는 갈수록 늘어났단다. 하지만 유대 민족의 관리들은 예수를 십자가에 못 박아 죽게 했단다. 예수의 이야기가 듣기도 싫었던 거야. 그들은 예수가 기적을 일으켜 로마 제국을 쳐부수고 유대 왕국을 다시 세워 줄 위대한 왕이 되기를 기대했단다.

하지만 예수는 왕이 되고 싶어 하지 않았어. 예수는 자기의 이야기를 듣는 모든 사람들이 진정으로 하느님의 백성이 되기를 바라며 겸허히 죽음을 받아들였단다.

예수의 죽음과 그분의 이야기는 조용히 수많은 사람에게로 퍼져 나갔어. 예수는 진정 하느님의 아들이었다고도 하고, 하느님이 사람이 되어 온 것이라고도 하고…….

부자들과 높은 관직에 있는 사람들은 예수를 좋아하지 않았지만 가난한 사람들과 병자들, 노예와 하인, 선량하게 살고 싶은 사람들에게 예수의 이야기는 깊은 감동을 주었단다. 예수가 신의 아들이었다는 것을 믿으며 그분의 가르침대로 살기 원하는 사람들을 크리스트교도 또는 기독교도라고 부른단다. 하지만 기독교도가 아니어도 세상 곳곳에서 수많은 사람들이 예수가 태어난 날을 기념하며 지금도 성탄절을 즐거워한단다."

"맞아요! 나는 벌써 크리스마스가 기다려지는걸요! 올해에는 산타 할아버지가 무슨 선물을 주실까요?"

다섯째 날
아라비아와 이슬람

오늘은 신기한 이야기를 들었어요. 지금으로부터 1500년쯤 전에 아시아의 황량한 사막에서 무슨 일인가가 일어났대요.

"지도를 보렴. 아시아 대륙의 서쪽 끝에 아라비아 반도가 있단다. 반도라고는 해도 거의 인도만 한 거대한 땅덩어리란다. 하지만 거칠고 황량한 사막이어서 사람들이 많이 살지 않는 곳이었어.

예수가 죽고 500년쯤 뒤에 아라비아 사막에 한 예언자가 나타났어. 낙타 모는 사람 무함마드는 상인의 아들이었는데, 무함마드에게 어느 날 이상하고 신비한 일이 일어났지. 환상을 본 것 같

메마르고 황량한 아라비아 사막에 한 예언자가 나타났어요.

기도 하고 꿈을 꾼 것 같기도 했어. 무함마드는 대천사 가브리엘의 목소리를 들었단다!"

"정말 천사가 나타났나요?"

"그건 아무도 모른단다. 무함마드밖에는 아무도 본 사람이 없으니까 말이야. 아무튼 무함마드는 목소리를 들었다고 했어."

"뭐라고 했는데요?"

"'일어나라. 읽으라!'

무함마드는 깜짝 놀라 천사에게 말했다고 하는구나.

'저는 읽을 줄 모릅니다.'

하지만 천사는 계속해서 말했어. 무함하드는 장엄하게 울려 퍼지는 대천사의 목소리를 들었단다. 훗날 이 대천사의 목소리를 그대로 기록한 것이 『코란』이라는 경전이 되었어."

선생님은 선반에서 크고 두툼한 책 한 권을 꺼냈어요. 가죽 표지에 복잡하고 화려한 덩굴무늬가 새겨져 있는 아름다운 책이었어요. 첫 장을 펼치자 이렇게 씌어 있었어요.

자비로우시고 자애로우신 알라의 이름으로

온 우주의 주인이신 당신께 찬미를 드리나이다.

당신께서는 자비로우시고 자애로우시며

심판의 날을 주관하시도다.

우리는 당신께만 예배드리오며 당신께만 구원을 바라오니

저희들을 올바른 길로 인도하여 주옵소서.

"'알라'는 아라비아어로 '하느님'이란 뜻이란다. 유대 민족이 부르는 하느님과 똑같은 뜻이지. 무함마드는 가족과 친척, 부족 사람들에게 하느님의 말씀을 전해 주었어. 처음에는 아무도 무함마드의 말에 귀를 기울이지 않았어. 무함마드가 태어난 고향 **메카**에는 '카바'라고 불리는 검은 운석이 있었는데 조상 대대로 이 검은 돌을 신성한 돌이라 여기며 섬겼단다. 사막 곳곳에서 부족들이 순례를 오고, 사람들은 이 돌을 신처럼 숭배했어. 순례자들이 많이 올수록 메카는 장사도 잘되고 살기가 좋았단다. 그런데 무함마드가 헛소리를 하는 거야. 돌을 버리고 하느님의 말씀을 들으라고 말이야. 무함마드는 미치광이로 몰려 고향 마을에서 쫓겨나고 말았어."

무함마드의 이야기는 신비하고 기이하고 재미있어요. 고향에서 쫓겨난 무함마드는 어떻게 되었을까요.

예언자 무함마드

"무함마드는 자기가 태어나고 자란 메카를 떠나 멀리 메디나라는 도시에서 하느님의 말씀을 전했단다.

'자비롭고 온화하신 알라를 사랑해야 한다. 이웃에게 잘 대해 주고 가난한 사람과 병자에게 자비로워야 한다. 술을 마시지 말고 음식은 조금만 먹어야 한다……'

무함마드의 가르침은 간단하고 쉬워서 사람들이 쉽게 이해했어. 무함마드를 따르는 사람들이 점점 더 불어나더니 어느새 큰 부대를 이룰 정도가 되었지. 무함마드는 부대를 이끌고 고향으로 향했단다. 무함마드는 메카로 돌아왔어. 이번에는 고향 사람들도 깜짝 놀라 무함마드의 이야기를 들었어. 무함마드가 수많은 병사를 거느린 장수가 되었으니 말이야."

무함마드는 가는 곳마다 하느님의 말씀을 전파했어요. 무함마드를 따르는 무리가 점점 더 불어났어요. 무함마드는 알라를 믿으면 모두가 한 형제라고 말했어요. 무함마드의 병사들은 이웃 부족을 하나둘 정복했어요. 황량한 아라비아 사막을 떠돌며 가축을 기르고 장사를 하던 수많은 아라비아 부족민들이 무함마드의 이야기 아래 한 형제가 되었어요.

무함마드는 수많은 병사를 거느리고 고향에 돌아왔어요.
무함마드를 신성하게 여겨 아라비아 사람들은
훗날 그림을 그릴 때 얼굴을 그려 넣지 않았어요.

무함마드는 모든 사람들에게 알라의 가르침을 전파해야 한다고 주장했어요. 알라만이 유일한 신이고, 알라의 명령에 따라 살아야 한다고요. 무함마드는 자신의 믿음을 이슬람이라 불렀는데, 이 말은 아라비아어로 '복종'이라는 뜻이래요.

"무함마드는 신의 의지에 복종하지 않는 사람들과 용감하게 맞서 싸우기로 결심했단다. 무함마드와 병사들은 가는 곳마다 전쟁을 일으켰어. 그리고 그 전쟁을 '거룩한 전쟁'이라 불렀지. 무함마드는 싸움터로 가는 병사들에게 거룩한 전쟁에서 죽으면 곧바로 천국에 갈 수 있다고 약속했어. 무함마드가 말한 천국이 어찌나 황홀하고 아름답게 느껴졌던지, 병사들은 사막에서 지루하게 사는 것보다 싸움터에서 용맹하게 죽는 것을 더 좋아할 정도였단다."

하지만 용감한 무함마드도 나이 들고 병들어 죽었어요. 무함마드가 죽자 친척들이 무함마드의 후계자가 되었어요. 그들은 스스로를 칼리프라 부르며 아라비아 부족의 왕이 되었어요. 칼리프는 '무함마드의 대변자'라는 뜻이에요.

이제 나는 아라비아 말을 세 개 알아요! 알라와 이슬람, 칼리프!

커지고 커지는 아라비아 제국

칼리프와 아라비아의 병사들은 아라비아 반도를 넘어 이웃 나라 이란과 시리아, 이라크를 정복했어요. 함대를 만들어 바다 건너 이집트로도 출정했어요. 100년도 되지 않아서 아라비아 왕국은 어마어마한 제국이 되었어요! 이웃 나라 이란에서 인도까지, 멀리 이집트에서 북아프리카까지, 지중해 너머 스페인까지 칼리프의 영토가 되었어요. 칼리프가 문 앞까지 오자 유럽 사람들도 벌벌 떨었대요.

나는 무함마드의 이야기가 재미있어서 정신을 쏙 빼고 들었어요. 무함마드가 천사의 목소리를 들었다는 것도 신기하고 무함마드, 무함마드 자꾸자꾸 부르면 이름도 재미있고, 아라비아 전사들도 머릿속에 그려 봐요.

"지금까지도 역사학자들은 아라비아 왕국이 순식간에 세계를 정복해 버린 이 사건을 몹시도 놀랍고 신비롭게 바라본단다. 그때까지 한 번도 역사에 나오지 않은 황량한 사막 한가운데, 보잘것없는 마을에서 작은 부족이 떨쳐 일어나 아라비아 반도를 통일하고, 아라비아 너머 이웃 나라와 더 먼 나라들을 단번에 집어삼켰으니 말이다."

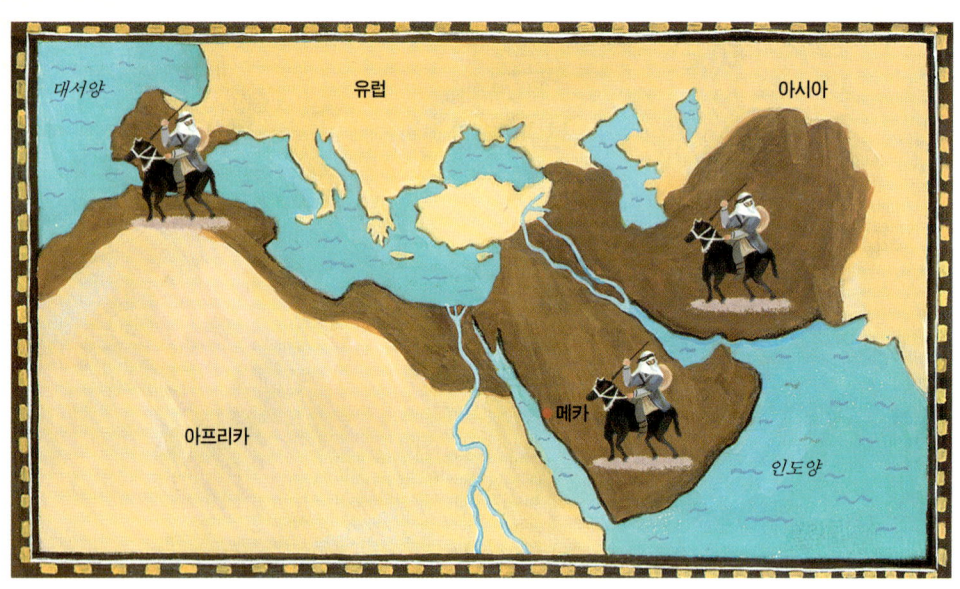

아라비아 제국이 커지고 커졌어요.
아라비아 병사들이 코란과 무기를 들고
아라비아 사막 너머 유럽과 아프리카와 인도까지 나아갔어요.

나는 칼리프의 군대와 아라비아의 병사들을 상상해 봐요. 칼리프는 적군 앞에서 이렇게 소리쳤대요.

알라의 가르침대로 살겠다면 가만히 두겠다.
만약 다른 신을 믿고 싶다면 세금을 바쳐라.
둘 다 싫다면 싸울 준비를 하라.

아라비아의 병사들이 몰려올 때, 이웃 나라의 백성들은 정말 무서웠을 거예요. 하지만 선생님은 꼭 그런 것만은 아니라고 했어요.
"포악한 왕들 밑에서 무거운 세금을 바치며 노예처럼 일하느라 삶에 지친 백성들은 스스로 알라를 믿고 아라비아의 백성이 되었어. 옛날에는 지금처럼 나라의 경계선도 확실하지 않았고, 같은 말을 쓰는 사람끼리 꼭 한 나라를 이루고 살아야 한다는 생각이 없었지. 그들은 자기들을 다스리는 왕이 누구든지 상관하지 않았단다. 백성들은 도시와 궁전에서 멀리 떨어져 살았어. 머나먼 궁궐 주변에서 무슨 일이 일어나는지 백성들은 알 수도 없었는걸. 그들을 통치하는 자가 그리스 사람이건 아라비아 사람이건, 그저 세금을 알맞게 거두고 도둑들로부터 안전하게 지켜 주고 백성을 괴롭히지 않으면 된다고 생각했지."

"맞아요. 옛날에는 백성들이 왕의 얼굴도 몰랐으니까요. 궁궐 근처에는 가 본 적도 없고, 머나먼 시골에서 사는 백성들은 그저 자기 고을의 족장이 좋은 사람인 것이 더 중요했다는 이야기죠?"

"그렇단다. 하지만 아라비아 부족이 거친 사막의 전사이기만 했던 것은 아니란다. 처음에는 싸움에만 정신이 팔렸지만 차츰차츰 자신들이 정복한 나라의 문화를 배우기 시작했어.

아라비아 부족은 오랜 세월 황량하고 거친 사막에서 살아남았단다. 그들에게는 수준 높은 예술이나 문화라고 할 만한 것이 없었지. 하지만 이웃 나라를 정복하면서 놀랍고 아름다운 것을 많이 보게 되었어. 아라비아 반도 바로 옆에 있었던 **이란 왕국**(페르시아)은 역사가 오래되고 문명 수준도 매우 높은 나라였어. 오랫동안 그리스, 로마와 맞서 싸울 만큼 크고 강대한 나라였지. 이 나라에는 멋스러운 궁전과 사원, 잘 가꾼 정원들이 있었어. 화려한 양탄자와 옷감, 아름다운 무늬가 그려져 있는 호화로운 도자기와 그릇들도 있었으니……. 칼리프도 홀딱 반해서 자신의 궁전을 이런 것들로 가득 채웠단다."

호기심 많은 아이처럼 아라비아인들은 뭐든지 잘 배우고 잘 따라 했어요. 아라비아인들은 그리스인들에게도 배우고 중국인들에게도 배웠어요. 그리스의 훌륭한 책들을 아라비아어로 번역하고, 중국의 포로들에게 종이 만드는 법을 배워 유럽에 전해 주었어요. 아라비아인들은 장사를 잘했고 유럽과 인도, 중국으로 다니며 동쪽 나라의 문화를 서쪽에, 서쪽 나라의 문화를 동쪽에 전해 주었어요. 아라비아의 상인들 덕분에 세계가 시끌시끌 북적북적하게 되었다는 이야기예요!

바그다드와 아라비안나이트

아라비아 왕국은 티그리스 강가의 바그다드에 수도를 정했어요. 아라비아 왕국 시절에 바그다드는 지금의 파리나 뉴욕보다도 더 유명하고 화려한 도시였대요! 멋스러운 궁전과 사원이 있고, 분수가 뿜어져 나오는 정원, 도서관과 대학, 관청과 광장이 있고 거리마다 큰 가게가 늘어선 시장이 있었고요. 인도와 중국, 이집트와 유럽의 상인들이 배를 타고 낙타를 타고 바그다드 시장에 모여 후추와 비단, 도자기와 향료, 보석, 온 세상의 진귀한 물건들을 사고팔았어요. 바로 그 바그다드 거리에 신드바드가 살았어요!

옛날 옛날에 이름이 똑같은 신드바드 두 명이 바그다드에 살고 있었어요. 부유한 상인 신드바드는 가난한 짐꾼 신드바드에게 일곱 번의 항해에서 겪은 굉장한 모험 이야기를 들려주었어요. 섬인 줄 착각하고 고래 등에 닻을 내렸다가 물에 빠져 죽을 뻔한 이야기, 한번 날개를 펴면 날개가 지평선 끝에서 끝까지 닿는다는 전설 속의 괴물 새 로크를 만난 일, 고집불통 난쟁이와 포악한 거인들의 나라를 지나 식인종의 나라에 떨어진 이야기, 어느 친절한 왕의 딸과 결혼했다가 죽어 버린 공주와 함께 산 채로 땅에 묻힐 뻔한 이야기, 하지만 마침내 다이아몬드 계곡을 발견하고 돌아와 부자가 되었다는 이야기를 말이에요.

"신드바드의 모험 이야기는 『아라비안나이트』에 실려 있단다."

지혜로운 세헤라자드 왕비가 사악하고 난폭한 왕에게 하룻밤에 하나씩 천하루 밤 동안 이야기를 들려준다는 이야기 속 이야기 『아라비안나이트』가 바로 아라비아 왕국의 이야기라지 뭐예요. 아라비아 상인들이 중국과 이란, 아라비아와 아프리카, 시리아와 이집트로 여행을 다니며 기이한 전설과 민담을 입에서 입으로 전해 주었는데 그 이야기들이 모이고 모여서 『아라비안나이트』가 되었대요.

"아무리 크고 강한 나라라도 언젠가는 멸망하고, 또 다른 나라가 일어난단다. 칼리프가 다스리던 광대한 아라비아 제국도 오래전에 무너졌어. 사납고 용맹스러운 몽골족이 광활한 초원을 달려와 바그다드를 무너뜨렸고, 그 뒤에는 터키 제국이 옛 아라비아 제국의 영토를 다스렸어. 하지만 아라비아 왕국의 문화가 뛰어났기 때문에 옛 아라비아 영토를 점령한 정복자들도 알라를 믿고 코란을 읽었어. 마침내 1900년대에 터키 제국이 물러가고 지금의 나라들이 생겨났단다."

서아시아에 있는 크고 작은 나라들에는 코란을 읽으며 무함마드의 가르침을 따르고, 일 년에 한 번 메카를 향해 순례 여행을 떠나고, 하루에 다섯 번 알라에게 기도를 올리는 경건한 사람들이 수억 명 살고 있어요. 그들을 이슬람교도라고 부른대요.

경건한 이슬람교도의 집에는 화려한 가구와 사치스러운 물건이 없어요. 작은 궤짝과 찬장, 그릇을 올려놓은 선반이 있을 뿐이에요. 이슬람 사람들은 양탄자를 좋아해서 가구처럼 사용해요. 마루에도 바닥에도 침대에도 양탄자가 깔려 있고 벽에는 아름다운 아라베스크 무늬 양탄자가 걸려 있어요. 밤에는 구리로 만든 기름 램프를 밝히고 날씨가 추운 겨울에는 화로를 안으로 들어와 숯과

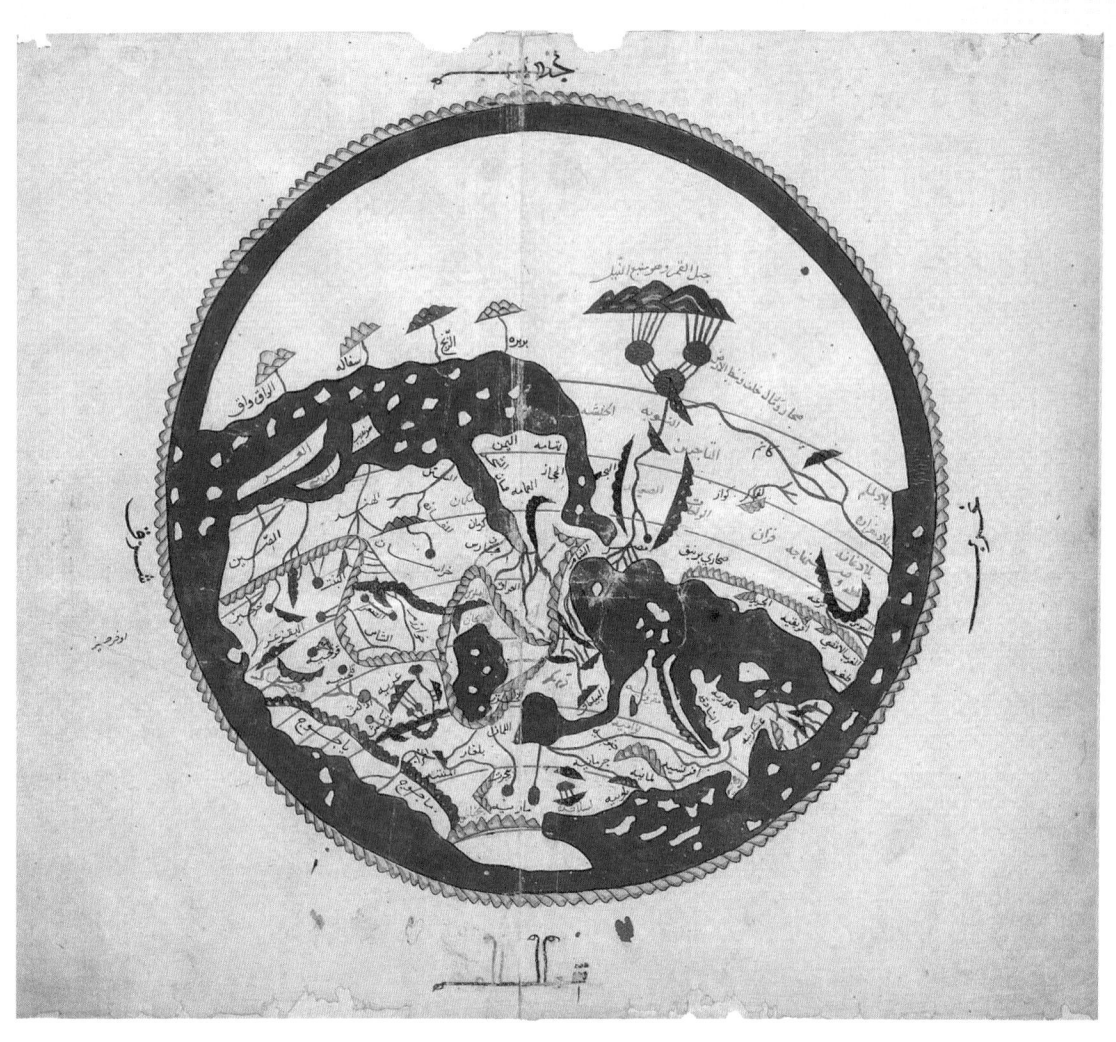

지도가 거꾸로 뒤집어졌어요!
1100년대에 아라비아의 한 지리학자가 남쪽을 위로, 북쪽을 아래로 두고 지도를 그렸어요.
지도 위쪽에 아프리카가 있고, 한가운데 아라비아 반도가 있어요.

나무를 태우고요. 음식은 둥그런 은 쟁반이나 구리 쟁반에 담아 먹어요. 이슬람교도는 돼지고기를 먹지 않고 양고기와 생선을 즐겨 먹어요.

"아라비아 제국은 드넓은 영토를 잃고 다시 원래의 아라비아 반도로 물러났지만 이 나라의 이름 속에는 옛 아라비아 제국 시절의 흔적이 남아 있단다. 지금 이 나라는 사우디아라비아라 불린단다. 남쪽의 작은 아라비아라는 뜻이야. 광대한 아라비아 제국은 무너졌어도 아라비아 제국이 퍼뜨린 이슬람 종교는 옛 아라비아 영토에 그대로 남아 있어."

그래서 멀리 아프리카와 스페인에 지금도 이슬람교도들이 살고 있대요. 아라비아 상인들은 인도에도 이슬람교를 전파했고, 바다 건너 말레이시아와 인도네시아에도 이슬람이 퍼졌어요.

"크리스트교와 이슬람교 둘 다 아시아에서 시작됐단다. 크리스트교는 서쪽으로 퍼져 나가 유럽의 종교가 되었고, 이슬람은 동쪽으로 퍼져 나가 동방의 종교가 되었어. 똑같이 하느님을 믿으면서도 아라비아 제국과 유럽의 국가들은 수백 년 동안 엄청나게 싸웠단다. 하지만 그건 하느님 잘못이 아닐 거야. 신은 현명하지만 사람들은 가끔 어리석은 일을 저지르거든."

여섯째 날
신들의 나라 인도

　인도는 신비로운 나라예요. 모두가 그렇게 말하는걸요. 먼 옛날부터 탐험가들, 여행자들, 학자들, 장사꾼들, 한 번이라도 인도에 가 봤거나 인도에 머무른 적이 있는 사람들은 인도를 동양의 신비로운 나라라고 불렀어요. 호기심 많은 사람들이 수없이 인도에 갔고, 지금도 수많은 사람들이 인도에 가 보고 싶어 하지요. 어떤 사람은 인도가 부유하고 오래되고 고요하고 경건한 나라라고 해요. 어떤 사람은 덥고 축축하고 가난하고 더럽고 시끄러운 나라라고 하고요.

　도대체 누구의 말이 맞는 걸까요?

"인도가 어떤 나라인지는 아무도 모른단다. 정답이 없지. 그걸 알려면 시인과 학자, 장사꾼과 왕과 나그네와 청소부에게 모두 물어보아야 하는데, 그럼 아마도 모두가 다르게 대답할 거란다. 나라면 말이다, 다른 것은 몰라도 외계인한테라면 해 줄 말이 있지. 만약에 외계인이 지구를 지나가는데 시간이 별로 없어서 딱 한 나라밖에 들를 수 없다고 하는 거야. 그러면서 지구의 역사와 문화와 종교와 풍습을 한눈에 구경해야 한다고 무례하게 보챈다면 말이다. 그러면 소리를 꽥 질러야지! '뭘 꾸물거려요, 당장 인도에 내려요!'"

인도는 땅덩어리가 크고 바다 쪽으로 삐죽 나와 있어서 인도 아대륙이라고도 불린대요. 인도만 가지고도 대륙이 될 만하다는 거예요.

선생님은 놀라운 이야기를 들려주셨어요.

"먼 옛날 공룡 시대에는 인도가 아시아 대륙에 붙어 있지 않았단다! 인도 대륙은 인도양 바다 아래쪽에 떠 있는 거대한 섬이었어!"

나는 거대한 인도가 바다 위에 둥둥 떠 있는 걸 상상해요. 그건 얼마나 오래전 일일까요?

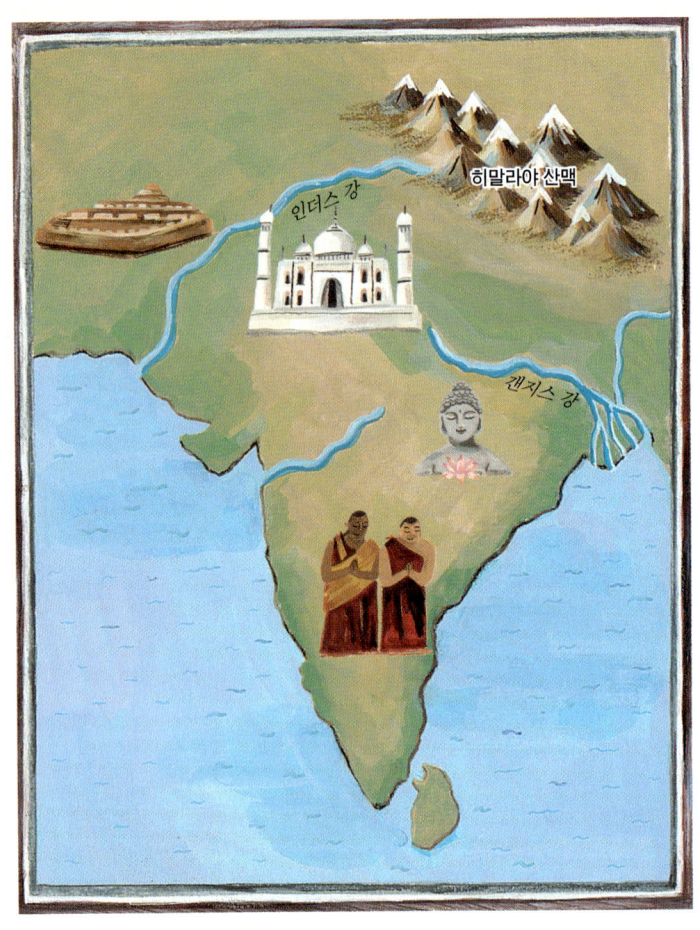

인도는 유럽의 나라들을 모두 합친 만큼 거대해요.
높고 험준한 히말라야 산맥에서 인더스 강과 갠지스 강이 흘러나와요.
인도의 강들은 산맥과 나란히 달려요!

"지금부터 5000만 년 전에 인도 대륙이 점점 북쪽으로 올라왔단다. 그러다가 아시아 대륙과 꽝! 부딪혔지. 그때 두 대륙의 가장자리가 불룩 위로 솟아올라 지구에서 가장 높은 산맥이 탄생했단다. 지도를 보렴, 무슨 산맥일까?"

내가 내가 맞혔어요. 히말라야 산맥이에요!

"높고 높은 히말라야 산맥에서 수천만 년 동안 눈이 녹고 빗물이 흘러내려서 인도 북부에 갠지스 강과 인더스 강이 흐르게 되었단다. 인도라는 나라 이름도 바로 인더스 강에서 왔단다."

인도는 놀라운 이야기투성이예요. 인도에는 사람이 12억 명 살고, 소가 2억 마리 살고, 신들이 3300만 명 살고 있어요. 또 왕부터 제사장, 무사와 농부, 하인, 이발사, 세탁부, 시체 청소부까지 중요하고 시시콜콜한 계급이 5500개 있답니다!

인도는 부글부글 끓는 마법사의 가마솥 같아요! 우아하고 오래되고 육중한 가마솥 안에서 온갖 재료들이 끓어오르다 뭉근하게 조려지다 마침내 그 안에서 세상에서 가장 신기하고 맛있는 요리가 퐁 하고 튀어나올 것 같아요!

인도 사람들은 왕이 없어도 살 수 있고 돈이 없어도 살 수 있지만, 신들이 없이는 살 수 없어요. 인도에는 마을마다 신을 모신 사

비슈누, 브라마, 시바는 인도 힌두교도들이 믿는 3대 신이에요.
인도 사람의 말대로라면, 나랑 함께 공부하는 염소에게도
염소의 신이 깃들어 있을까요?

원이 있어요. 아무리 작고 가난한 마을이라도 마을에서 가장 크고 아름다운 건물이 있는데 그곳이 바로 사원이래요. 인도 사람들은 사원에 가는 것을 세상 그 어떤 일보다 중요하게 생각해요.

인도 사람들은 비슈누 신과 브라마 신, 시바 신을 믿어요. 비슈누와 브라마, 시바 신이 우주를 창조하고, 파괴하고, 이 세상의 모든 좋은 일과 나쁜 일을 일어나게 한다고 믿기 때문이에요.

인도에는 신들이 수없이 많아요. 신들에게 아내와 아들과 딸들과 친척이 있고 신들은 무엇으로도 변할 수 있어요. 바람 신, 번개 신, 불의 신, 강의 신……. 자연에 신들이 있고, 부뚜막과 천연두에도 신이 있어요. 인도 사람들은 역사 속 위대한 성자와 영웅, 기인, 왕을 신들의 화신이라 생각해요. 사람들에게 신성한 우유를 제공하는 암소도 신이 환생한 거라고 믿고요. 고대 인도인들의 상상력은 끝이 없어요. 인도 사람들은 태곳적부터 우주 만물에 깃든 수백 수천의 신들을 믿고 섬기는데 이 오래된 인도의 종교를 힌두교라고 해요.

인도의 아이들은 어릴 때부터 어머니와 아버지, 할머니와 할아버지에게 위대하고 선하고 용감한 신들의 이야기를 들으며 자란대요. 그 아이가 자라서 아이들에게 이야기를 들려주고 또 들려주고요. 깜깜한 이불 속에서 "더요, 조금만 더요!" 할머니에게 밤마다 조르고 또 졸라요. 지금은 인도의 아이들도 만화책과 텔레비전으로 신들의 이야기를 배워요.

비밀스러운 인더스 문명

인도에는 생김새와 피부색이 조금씩 다른 수많은 종족이 어울려 살고 있어요. 종족마다 쓰는 말도 달라요. 인도에서 국어로 쓰이는 말은 스무 가지도 넘는대요. 그런데 국어 말고도 인도에서 쓰는 말을 모두 합하면 400가지나 된다는 거예요! 외국 사람이 인도 말을 다 배우려면 평생이 걸려도 모자랄 거예요. 하지만 신기하게도 인도 사람들은 양치기가 양들의 말을 알아듣듯이 자기네 나라의 서로 다른 언어들을 이해한다는 거예요.

"인도에 언제부터 사람들이 살게 되었는지는 아무도 모른단다. 그들의 가장 오래된 조상은 수만 년 전, 어쩌면 수백만 년 전 석기 시대에 아프리카의 남쪽 끝 아굴라스 곶에서 출발한 떠돌이 여행자들이 아니었을까 추측한단다. 인도 대륙의 남쪽 해안가에 그들의 후예가 살고 있지. 아프리카의 해안을 따라 인도에 도착한 사람들과 북쪽에서 내려온 인종이 섞이고 섞여서 지금의 인도인들이 되었단다."

인도의 역사는 아주아주 오래되었어요. 나일 강의 이집트 사람들과 티그리스 강, 유프라테스 강의 수메르 사람들이 그랬던 것처럼, 먼 옛날 인도 땅에 살던 사람들도 인더스 강가에 커다란 도시를 세웠어요.

"해마다 봄이 되면 히말라야 산꼭대기에서부터 빗물이 계곡으로 흙을 실어 왔단다. 사람들은 비옥한 인더스 강가에 모여 농사를 짓고 가축을 길렀어. 인도의 도시들은 이집트의 피라미드보다 더 오래되었는데도 세상에 알려지지 않았어. 그 도시들은 5000년 동안 땅속에 묻혀 있었단다."

1924년에 고고학자들이 인더스 강가에서 모헨조다로 유적을 발견했어요. 거대한 모래 언덕을 파헤치자 수백 미터 아래 땅속에서 거대한 도시가 나타났어요! 성을 빙 둘러 단단한 둑이 쌓여 있고 성안에 집들이 있었어요. 진흙을 구워서 만든 단단한 벽돌담 안에 마당과 우물과 수세식 화장실이 있었어요! 수세식이라고요? 그러니까 거리마다 하수구가 있어서 집 안에서 나온 똥과 오줌이 더러운 물에 씻겨 성 밖으로 완전히 빠져나가게 했다는 거예요. 고고학자들은 이 오래된 도시에서 하수구를 발견하고는 깜짝 놀랐어요. 왜냐하면 유럽에서는 50년 전까지도 하수구가 없어서, 집 안에서 나온 쓰레기와 오물이 거리에 넘쳐났다지 뭐예요. 거리마다 악취가 진동하고, 길을 걸을 때는 이층 창문에서 언제 똥물이 날아올지 몰라서 언제나 위를 흘끗흘끗 보면서 다녀야 했대요.

"고고학자들은 모헨조다로 주위로 100개가 넘는 도시가 있었을 것이라고 추측한단다. 도시를 중심으로 마을들이 뻗어 있었지. 모헨조다로 유적에서는 거대한 공중목욕탕과 바퀴 달린 마차, 가구, 화장실 용품, 색깔 도자기, 귀걸이와 목걸이, 동전, 글자가 새겨진 도장들이 발견되었어. 지금으로부터 5000년 전에 인더스 강가의 화려하고 깨끗한 도시에서 남자와 여자, 아이들이 밝은 옷을 차려입고 시장에 가고, 사원에 가고, 거리를 활기차게 걸어 다녔어. 인더스 강가의 이 오래전 생활 풍경을 **인더스 문명**이라 부른단다."

인도의 아이들은 역사 시간에 자기들의 조상이 그렇게 오래전에 놀라운 문명 생활을 했다는 것을 배우면 몹시 자랑스러울 거예요.

"하지만 인더스 문명은 그리 오래가지 못했단다. 700년쯤 뒤에 이 도시에 무슨 일인가가 일어났지. 성채는 무너지고, 사람들은

모헨조다로 유적에서 나온 조각상이에요.
콧날은 오똑하고 수염이 가지런해요.
화려한 옷을 펄럭이며 당당하게 거리를 거닐던 귀족이었을 것 같아요.

집과 하수구, 우물을 버려둔 채 도시를 떠나 버렸어. 해골이 뒹굴고 도시는 폐허가 되었단다. 모래와 먼지가 서서히 도시를 뒤덮었어. 수백 년이 지나자 그곳에 도시가 있었다는 것조차 아무도 모르게 되었지."

모헨조다로는 인도 말로 '죽은 자들의 언덕'이라는 뜻이래요. 도대체 이 도시에 무슨 일이 일어났던 걸까요? 고고학자들은 인더스 문명을 세운 사람들이 왜 죽었는지, 인더스 강가에 무슨 일이 있었는지 밝혀내기 위해 지금도 인도의 유적지로 달려간대요. 놀랍게도 인더스 강가에서 모헨조다로 유적보다 더 오래된 유적들이 속속 발굴되고 있다는 거예요. 어떤 유적지에서는 7000년 전에 인도인들이 목화를 재배한 흔적이 발견되었어요.

카스트 제도

"오래전 인더스 계곡에 살았던 사람들에게 무슨 일이 일어났는지는 아무도 모른단다. 도시는 폐허가 되고 모래 속에 묻혀 버렸지. 인더스 계곡에 놀라운 문명을 지닌 종족이 살았다는 걸 아무도 모르게 되었을 때, 북쪽에서 새로운 사람들이 들어왔어. 피부색이 옅고 눈이 크고 코가 높은 **아리안 종족**이 숲을 헤치고 남쪽으로 내려왔단다. 이때에는 나라와 나라를 가르는 선이 없고 법으로 정해진 내 땅 네 땅이 없었어. 어디선가 힘센 종족이 무기를 들고 와 원래부터 그 땅에 살던 사람들을 몰아내거나 부리면서 함께 사는 일이 어디서나 흔했던 시절의 이야기란다."

아리안 종족은 중앙아시아의 거친 사막과 고원 지대에서 살던 유목 부족이었어요. 그들은 인더스 계곡을 따라서 차츰차츰 남쪽으로 내려왔어요. 아리안족은 싸움을 잘했어요. 그들이 머지않아 인도의 새로운 주인이 되었대요. 오래전 석기 시대부터 인도 땅에 살던 사람들은 더 남쪽으로 밀려나거나 새로 온 종족의 하인이나 노예가 되었어요.

"아리안 종족은 오랜 떠돌이 생활을 버리고 비옥한 인더스 강과 갠지스 강가에 멈추어 살았단다. 농사지을 땅을 점점 더 넓히려고 숲을 태우고, 전차와 칼로 원주민을 더 멀리 몰아냈어. 전쟁에서 승리한 사람들은 영웅이 되었지. 아리안 종족의 자손들은 이 오래된 시대의 이야기를 길고 긴 노래로 지어 불렀어. 그 노래가 『베다』라는 길고 긴 시로 전해져 내려온단다."

『베다』는 세계에서 가장 오래된 책 중 하나예요. 하지만 위대한 신들과 왕들을 찬양하는 노래는 아무나 불러서는 안 되고 오직 신

1800년대 인도 사람들의 패션이에요!
귀족들은 길고 화려한 옷을 입고, 하층민들은 짧고 초라한 옷을 입고 있어요.

을 섬기는 사제들만이 조용히 읊조렸어요. 사제들만이 학교에서 이 성스러운 노래를 배우고, 다음 사제에게 또 그다음 사제에게 물려주고 또 물려주었어요. 그렇게 해서 인도에서 가장 높은 성직자 계급이 생겨났어요! 그들이 바로 **브라만**이에요. 브라만 계급은 가장 큰 집에서 살고 가장 좋은 음식을 먹고 가장 좋은 옷을 입어요. 전쟁터에서 영웅이 된 왕과 전사들과 무사들이 그다음으로 높은 계급을 차지했는데 그들을 **크샤트리아**라고 해요. 크샤트리아는 성직자 다음으로 좋은 집에 살고 좋은 음식을 먹고 자자손손 귀족이 되었어요.

귀족 아래에는 농부와 상인 계급이 있고, **바이샤**라 불려요. 바이샤는 농사를 짓고 장사를 하면서 자유롭게 살 수 있어요. 농부와 상인 아래에는 **수드라**라 불리는 하인 계급이 있어요. 하인 계급은 한평생 성직자와 귀족, 농부와 상인의 시중을 들면서 살아요. 하인은 학교에 다닐 수 없고 읽기와 쓰기도 배울 수 없어요. 하인의 아들과 딸도 하인이 되어야 하고요. 같은 계급에 속한 사람끼리만 결혼을 하고 아이를 낳을 수 있어요. 브라만은 브라만끼리, 수드라는 수드라끼리 결혼을 해야 해요.

선생님은 이것이 인도의 **카스트 제도**라고 알려 주었어요. 하지만 이것이 다가 아니라는 거예요.

"인도에는 아무 카스트에도 속하지 못하는 불쌍한 사람들이 수 없이 살고 있단다. 낮은 계급 사람과 높은 계급 사람이 결혼을 하면 그들과 그들의 자손은 카스트에서 쫓겨나 영영 아무 계급에도 들지 못하고 '불가촉천민'이 된단다. 그들을 파리아라고 부른단다."

파리아는 마을 가운데서 살 수 없고, 사원에 들어갈 수 없고, 마을 우물물을 마셔서도 안 되고, 다른 사람들과 접시를 같이 써서도 안 되고, 다른 사람의 그림자조차도 밟으면 안 된대요. 파리아가 길을 걸을 때는 언제나 목에 질그릇을 매달고 다니면서 딱딱 소리를 내며 자기들이 지나간다는 것을 알려야 해요. 실수로라도 다른 사람과 부딪히면 안 되기 때문이에요. 파리아는 하인보다도 가축보다도 못하게 살아요. 하루 종일 들판에서 죽도록 일을 하고, 마을의 쓰레기를 치우고 화장실을 치우고, 마을에 버려진 시체와 가축의 시체를 처리해요. 그 대가로 저녁이 되면 집집마다 대문 앞에서 자루를 내밀고 먹을 것을 조금 얻어요. 더 슬픈 건 파리아의 아이는 파리아가 되고 그 아이의 아이의 아이들도 영원히 파리아가 된다는 거예요.

나는 인도에 아직도 파리아가 있다는 것이 믿어지지 않았어요.

"인도의 카스트 제도는 오래전 청동기 시대의 유물이란다. 먼 옛날, 힘센 종족이 약한 종족을 몰아내고 차츰차츰 우두머리 계급으로 변해 가면서 생겨난 거니까 말이다. 이제는 카스트 제도가 옳지 못하다고 생각하는 사람들도 많지만, 너무나도 오래된 관습이어서 인도에서 쉽사리 사라지지 않고 있어. 지금은 파리아를 차별하지 못하도록 법으로 정해 놓았어. 하지만 수많은 파리아들이 아직도 마을 변두리에서 궂은일을 하며 가난하게 살고 있단다."

붓다의 가르침

"인도 이야기를 슬프게 끝낼 수는 없지. 오늘은 인도에 살았던 왕들의 이야기를 들려주마."

선생님은 인도를 다스렸던 수많은 왕들에 대해 이야기해 주었어요. 인도의 역사는 아주아주 오래되었고 세상에 이름을 떨친 특별하고 유명한 왕들이 있었어요. 인도에 최초로 어마어마한 제국을 세운 찬드라굽타 대왕, 수많은 전쟁에서 승리하고도 땅을 정복하기를 스스로 포기하고 무고한 사람들의 피를 흘린 죄를 참회하며 다시는 무기를 손에 들지 않은 아소카 대왕(세계의 역사에서 그런 왕은 딱 한 명뿐이었어요.), 백성을 잘 다스리지는 못했지만 죽은 왕비를 잊지 못하여 세상에서 가장 아름다운 궁전을 지은 샤자한 임금……. 마치 물 위에 떠 있는 것만 같은 이 신비로운 궁전을 보려고 지금도 전 세계에서 수많은 사람들이 인도의 타지마할 궁으로 몰려가요.

"하지만 인도에는 인도의 위대한 왕들과 세상의 왕들을 다 합친 것보다도 더 위대한 왕자가 한 명 살았단다. 그 왕자는 왕이 될 운명이었는데도 왕이 되지 않았어."

"왕이 되기 싫어했나요?"

"아니, 꼭 그런 건 아니란다. 왕이 되는 것보다 더 중요한 일을 발견했기 때문이지."

왕이 되는 것보다 더 중요한 일이 있으려고요. 그런데 그런 것이 있다지 뭐예요.

지금으로부터 2500년 전 인도 북부의 한 작은 왕국에 고타마 싯다르타라는 왕자가 태어났어요. 고타마 왕자의 이야기는 소곤소곤 온 세상으로 퍼졌어요. 그건 정말 이상한 이야기였거든요.

고타마 싯다르타는 예수가 태어나기 500년 전에 태어났어요. 싯다르타는 히말라야 산기슭 아래에 있는 마가다 왕국의 왕자였는데 세상에서 가장 좋은 옷을 입고 가장 좋은 음식을 먹고 충직한 신하들의 시중을 받으며 자랐어요. 왕자는 온 세상이 궁전처럼 아름다운 곳이라고 생각했어요. 궁전에는 아무것도 부족한 것이 없었지만, 왕자는 한 가지가 부족하다고 생각했어요. 왕자는 바깥세상에 대해 알고 싶었어요.

어느 날 왕자는 수레를 타고 궁전 밖으로 세상 구경을 나가게 되었어요.

왕자는 길모퉁이에서 허리가 굽은 노인을 만났어요. 그때까지 왕자는 한 번도 노인을 본 적이 없었지요. 왕자는 충직한 마부 찬나에게 물었어요.

"저 사람은 누구냐? 왜 저러는 것이냐?"

찬나는 대답했어요.

"왕자님, 사람은 누구나 늙고 언젠가는 죽게 된답니다. 왕자님도 저도 말이에요."

왕자는 놀라고 슬프고 괴로웠어요. 왕자는 사람이 언젠가는 죽는다는 것을 한 번도 생각해 본 적이 없었어요. 다음 모퉁이에서 왕자는 거지를 만나고, 병자를 보았어요.

왕자가 물었어요.

"저 사람들은 왜 저러느냐?"

충직한 찬나는 대답했어요.

"왕자님, 이 세상에는 가난한 사람들과 병자들이 수도 없이 많이 있습니다. 아무도 돌보아 주는 사람이 없기 때문에 거리에서 홀로 죽어 가는 사람들이 이 나라 어디에나 있습니다."

왕자는 온 세상이 궁전의 뜰과 같이 싱그럽고, 사람들은 왕궁의 어린이와 젊은이처럼 쾌활하고 명랑하고 아름답다고만 생각했어요. 왕자는 세상을 그런 곳이라 여겼어요. 늙고 병들고 우울하고 가난한 사람들을 궁전에서 한 번도 본 적이 없었지요. 조금이라도 약하고 추하고 더러운 것은 왕자 곁에 두지 못하도록 임금님이 신하들에게 철저히 명령했기 때문이에요.

왕자는 궁전으로 돌아와 깊은 슬픔과 시름에 잠겼어요. 화려한 옷도 좋은 음식도 곁에 있는 충성스러운 1000명의 신하조차도 이 세상의 참모습이 아니라는 것을 알게 되었기 때문이에요. 왕자는 더 이상 크고 화려하고 푹신한 궁전 방에서 편안히 잠이 들지 못했어요.

어느 이른 새벽에 궁전의 뜰이 아직도 어둠에 잠겨 있을 때, 왕자는 황금 허리띠를 두른 옷과 번쩍거리는 장신구를 벗어 두고서 조용히 궁전 문을 나섰어요.

왕자는 숲 속으로 들어갔어요. 왕자는 보리수나무 아래에 앉아 눈을 감았어요. 오랫동안 먹지도 않고 자지도 않고, 깊고 깊은 생각에 잠겼어요.

'가난과 죽음과 병과 시기와 질투, 미움, 고통은 어디에서 오는 걸까. 어떻게 하면 거지도 부자도, 노인도 어린아이도, 병자도 왕자도, 배운 사람도 배우지 못한 사람도 영원하고 참된 행복을 얻을 수 있는가. 가난한 사람들은 부자가 되고 싶어 하고, 아무리 부유한 사람도 행복하지 않고, 누구나 죽음을 두려워하고 슬퍼한다. 비록 왕이라고 할지라도 마음속에는 진정한 평화가 없다. 이 세상에서는 그 누구도 행복하지 않다. 그 까닭이 무엇일까?' 왕자는 이런 것을 생각했어요.

비가 오고, 곡식이 자라고, 여름과 겨울이 여섯 번 지나갔어요. 어느 날 왕자는 보리수나무 아래에서 행복한 미소를 지었어요.

'사람들이 진정으로 행복하지 않은 까닭은 마음속에 욕심이 있기 때문이다!'

비로소 왕자는 깨닫게 되었어요. 그 모든 것이 사람들의 마음속에 욕심이 스멀거리기 때문이라는 것을!

싯다르타는 자리를 털고 일어났어요. 왕자는 숲에서 나와 사람들 곁으로 다가갔어요. 그리고 불행하고 울고 찡그리고 가난하고 불쌍하고 싸우고 거들먹거리는 사람들에게 어떻게 하면 그들이 이 세상에서 영원하고 참된 행복을 누릴 수 있는지 가르쳐 주었어요. 진정한 행복과 평안을 누리기 위해서는 누구든지 마음속에서 갖가지 욕심을 없애야 한다고 말이에요.

수많은 사람들이 싯다르타의 가르침에 귀를 기울이고 제자가 되었어요. 싯다르타는 가난한 사람과 부자, 병든 사람과 건강한 사람, 젊은이와 노인에게 다정하게 말했어요.

"마음속에 꿈틀거리는 욕심을 없애도록 노력하시오!"

언제부턴가 싯다르타는 붓다로 불리게 되었어요. 붓다는 '깨달음을 얻은 자'라는 뜻이에요. 붓다의 이 고요하고 놀라운 가르침은 히말라야 산맥을 넘어 바다를 건너, 2000년 동안 조용히 이웃 나라로 더 먼 나라로 퍼졌어요.

붓다의 가르침을 따르는 사람들을 불교도라고 불러요. 붓다가 이 세상을 떠나고 2500년이 흐른 뒤에도 붓다의 가르침은 말과 풍습과 옷차림과 생김새와 생각이 다른 세계 사람들의 가슴속에 고요히 번져 가고 있어요.

붓다는 고귀한 왕자로 태어났지만 궁전을 떠나 사원과 시장, 거리에서 사람들을 가르쳤어요.
붓다는 부자도, 가난한 사람도, 병든 사람도 행복해지길 바랐어요.

어떻게 해야 마음속에서 욕심을 없앨 수 있을까요? 핸드폰이 있는데도 더 좋은 핸드폰을 갖고 싶고, 축구공이 있는데도 더 좋은 축구공이 갖고 싶다면 말이에요.

일곱째 날
한자와 공자의 나라 중국

　내가 도서관으로 뛰어갔을 때 선생님은 지구본을 앞에 놓고 빙글빙글 돌리고 있었어요. 뚱뚱하고 상냥한 도서관 왕께서 오늘은 무슨 이야기를 해 주실까요?

　선생님은 손가락으로 인도를 짚고 히말라야 산맥을 넘고 티베트 고원 위로 올라갔어요. 그리고 동쪽에 있는 커다란 나라를 가리켰어요. 중국이에요! 중국은 커다란 주전자처럼 생겼어요. 그 위에 주전자 뚜껑처럼 얹혀 있는 나라는 몽골이고요.

　"세계 70억 명 사람들 중에 13억 명이 중국 사람이란다. 중국보

중국은 서쪽이 높고 동쪽으로 갈수록 평평해요.
서쪽의 높은 티베트 고원에서부터 황허 강과 양쯔 강이
중국 땅을 가로질러 구불구불 황해로 흘러가요.

다 큰 나라는 있지만 중국만큼 사람들이 많이 사는 나라는 없어. 떠들썩한 한족과 함께 좡족, 만족, 통족, 후이족, 먀오족, 야오족, 위구르족, 이족, 투자족, 하니족, 바이족, 티베트족 …… 쉰 개가 넘는 소수 민족이 신비롭고 오래된 전통을 따라 살고 있지."

그러면서 선생님은 천천히 이야기를 들려주셨어요. 엄청나게 넓고 아주아주 오래되고, 여유 넘치고 콧대 높은 사람들이 살고 있는 중국의 이야기를 말이에요.

옛날 옛날 멀리 서쪽에 이집트인과 수메르인과 고대의 인도인들이 살고 있을 때, 아시아의 동쪽 중국 땅에도 여러 부족들이 농사를 지으며 살고 있었어요. 이집트에 나일 강이 있고 수메르에 유프라테스와 티그리스 강, 인도에 인더스와 갠지스 강이 있는 것처럼 중국 사람들도 **황허 강** 주변에 모여 살면서 조그만 도시들을 세웠어요.

나는 지도에서 황허 강을 찾아보았어요. 황허는 중국의 서쪽에서 동쪽으로 구불구불 흘러가요. 선생님은 이름만으로도 황허(黃河)가 어떤 강인지 눈치챌 수 있다고 했어요. 누를 황, 바다 하! 어찌나 넓은지 바다처럼 보이고, 강물은 누런빛이 돈다는 거예요. 황허 위쪽에 넓고 메마른 황토 고원이 있는데 그곳에서 누런 흙이 날마다 강물로 흘러들어요. 그런데 이 흙이 늘 말썽이었대요. 흙이 강바닥에 자꾸 쌓여서 홍수가 날 때마다 논밭으로 강물이 흘러넘치고, 큰 홍수가 날 때에는 원래의 강줄기가 사라지고 물길이 새로 나기도 했어요. 그래서 그때마다 지도를 다시 그려야 했고요. 그런데도 왜 강가에 도시를 세웠느냐면, 그건 강물이 있어야 농사를 잘 지을 수 있기 때문이에요.

황허 강가에는 끈기 있고 부지런한 농부들이 살았어요. 옛날 옛적부터 전해져 오는 노래를 보면 알 수 있대요.

"제목도 모르고 어떻게 부르는지도 몰라. 하지만 가사가 남아 있어서 농부가 할 일이 전해져 온단다."

몇천 년 전 까마득히 오래오래 전에 농사꾼과 농사꾼의 아내가 어떻게 살았을까요?

농사꾼은 매일매일 바빴어요. 1월에는 농기구를 고치고, 2월에는 땅을 골라요. 3월에는 씨앗을 심고, 4월에는 뽕을 따지요. 5월에는 누에를 치고, 6월이 되면 베를 짜고 옷감에 물을 들여요. 7월에는 김을 매고요, 8월에는 곡식을 거두고, 9월은 사냥을 나가는 달, 10월은 축대를 쌓는 때예요. 11월에는 술을 빚고 집을 수리하지요. 일 년의 마지막 12월이 오면 양을 잡아 제사를 지내고 설 쇨

준비를 해요.

"부지런한 농부의 집에는 일곱 가지 보물이 있었단다. 중국 사람들은 집 안에 일곱 가지 보물이 늘 있다면 조상의 은덕이라며 감사히 여겼지."

그게 뭘까요? 내 보물은 염소, 토끼, 새총, 선생님이 선물로 준 엽서집, 조개껍질 목걸이, 마녀백과사전인데……. 아휴, 나처럼 꼬마 애들 보물 말고 옛날 어른들이 좋아할 만한 걸 생각해야 해요. 금반지? 여의주? 호랑이 가죽? 음……. 잘 모르겠어요.

"그 일곱 가지 보물이란 장작, 쌀, 기름, 소금, 장, 식초 그리고 마시는 차였단다!"

"애개개! 그런 건 우리 집에도 있는 거잖아요!"

"그렇단다. 그 보물들은 그렇게 값비싼 것이 아니어서 농부가 부지런히 일하고 가족들을 위한다면 욕심낼 수 있는 것들이었지. 중국 사람들은 까마득히 오래전부터 농사를 짓고, 노래를 부르고, 떠들썩하게 설을 쇠고, 조상들에게 제사를 지내며 살았단다."

오래오래된 중국 문명

중국은 유서 깊은 나라예요. 유서가 깊다는 건 아주아주 오래되어 전통이 있다는 뜻이에요. 선생님은 중국의 역사를 기록한 책은 아마 세상에서 제일 두툼하고 긴 책일 거래요. 유적과 화석으로 알 수 있는 중국의 역사는 5000년도 넘었어요. 하지만 전해 내려오는 이야기와 노래와 시를 거슬러 거슬러 올라가면 까마득한 옛날, 호랑이가 담배 피우던 시절에 이를지도 모른답니다!

중국에는 세계 어떤 나라보다 더 많은 이야기가 전해져 와요. 왕과 왕비, 충직한 신하와 간사한 신하들, 영웅호걸, 지략가, 무사와 산적 들의 이야기는 읽고 또 읽어도 끝이 없어서 책을 무지무지 많이 읽은 우리 선생님도 이렇게 말할 정도예요.

"5000년 동안 전해 오는 이야기와 시를 모두 합하면 어휴, 5000가지도 넘을 거야. 그래도 나는 중국을 공부하는 것이 재미있단다."

중국을 공부하면 놀라운 것이 있는데, 한 번도 나라를 잃은 적이 없다는 거예요! 백성들은 쫓겨나거나 흩어지지 않고 조상들이 살던 땅에서 오래오래 살았어요. 중국 사람들은 조상들의 수많은 이야기와 풍습, 글과 노래, 역사와 학문, 산과 논밭, 강과 바다를 대대로 지켜 왔어요. 선생님은 이것에 대해 곰곰이 생각해 보아야 한다고 했어요.

나는 중국 영웅호걸의 이야기 중에 『삼국지』가 제일 재미있어요!
유비가 의자에 앉아 두 손으로 다소곳하게 술잔을 들고 있어요.
장비와 관우는 서서 유비를 기다리고 있어요.

"넓은 나라가 되거나 부자 나라가 되거나 인구가 많은 나라가 되는 건 놀라운 일이 아닐지 모른단다. 하지만 아주아주 오래되고, 전통과 문화가 끊어진 적 없는 나라라면 깊이 생각해 보아야 해. 대단한 비밀이 있을지도 모르거든!"

어쩌면 중국은 원래부터 강하고 커다란 나라가 아니었을까요? 막강한 군대로 외적과 싸우고, 정복하고, 그래서 망하는 일 없이 역사와 전통이 그렇게 유구한 나라가 된 거라면…….

선생님은 중국이 어떤 나라인지 알려면 먼 옛날 중국이 처음 생기던 때의 이야기부터 남다른 게 있는지 들어 보아야 한댔어요. 선생님은 중국 사람들이 존경하는 두 임금님의 전설을 들려주었어요.

옛날 옛날에 요 임금이 살았어요. 요 임금 다음에는 순 임금이 살았어요. 두 임금님은 어질고 검소하고 부지런했어요. 좋은 궁궐도 없고 수많은 군사도 거느리지 않았지만 백성들을 잘 돌보았어요. 백성들은 임금님을 태양처럼 우러르고 아버지와 같이 섬겼고요. 요 임금과 순 임금은 아들이 욕심 많고 변변치 못한 것을 알고 나라에서 가장 지혜롭고 어진 사람을 뽑아, 모름지기 훌륭한 왕이라면 어찌 나라를 다스려야 하는지 잘 가르친 다음에 왕위를 물려

주었어요. 순 임금이 멍청한 아들을 깨우치기 위해 바둑을 만들었다는 전설도 내려져 와요.

중국 사람들은 기나긴 역사를 되돌아보며 요와 순 임금의 시대가 가장 마음 편하고 정의롭고 인정 많은 시절이었다고 말하지요.

요순 임금이 죽고 몇백 년 뒤에 중국 땅에 조금 더 커다란 나라가 생겼어요. 상나라의 왕은 튼튼한 성에서 살았고 왕의 부엌에는 청동으로 만든 아름다운 술잔과 그릇이 그득했어요. 전쟁이 일어날 때면 왕은 전차를 몰고 앞장섰어요. 왕은 웅장한 무덤을 만들고, 죽을 때는 왕비와 신하들도 산 채로 자기 옆에 묻게 했어요. 왕의 권력은 점점 강해졌어요. 그래도 상나라 왕의 무덤은 머나먼 서쪽 나라 이집트 왕들의 무덤에 비하면 개집처럼 작았어요.

"요순 임금의 시대에도 그 뒤에도 그 뒤에도 중국은 강대한 나라가 아니었어. 옛날 옛적 이집트의 파라오는 중국의 왕들보다 훨씬 더 오만하고 훨씬 더 부유하고 훨씬 더 존경받았지. 수메르의 도시들은 중국보다 훨씬 활기차고 번화했단다. 중국이 큰 나라지만 멀리 서쪽에도 크고 강력한 제국들이 있었어. 2500년 전에는 이란 제국이, 2300년 전에는 알렉산드로스 왕의 대제국이 있었고 그 뒤에는 로마 제국, 그 뒤에는 아라비아 제국이 있었고 말이야. 그 엄청난 나라들에 비하면 중국의 군사력은 보잘것없었단다."

1200년대에는 중국의 북쪽에서 몽골족이 떨치고 일어나 커다란 제국을 세웠어요. 몽골족의 족장 **칭기즈 칸**은 아주 유명한 왕일 거예요. 왜냐하면 나도 이름을 들어 봤으니까요. 선생님 말씀으로는 칭기즈 칸과 칭기즈 칸의 가족과 부하들이 아시아의 동쪽 끝에서 유럽의 절반까지 모두 '쓸어' 버렸대요. 그 전에도 후에도 몽골 제국만큼 거대한 나라는 없었어요.

"하지만 이렇게 어마어마한 몽골도, 또 다른 제국들도 모두 이삼백 년이 못 되거나 길어도 천 년이 못 되어 무너져 버렸어. 그리스, 로마, 아라비아, 몽골 제국이 무자비한 전쟁을 일으킨 것에 비하면 중국은 조용한 나라였단다.

중국의 왕과 신하들은 다른 나라를 정복하기보다 자기 나라를 잘 다스리는 문제를 오랫동안 고민했어. 중국에는 훌륭한 학문과 기술, 넓은 땅, 농사지을 물, 수많은 나무들, 금과 쇠, 곡식이 넉넉하게 있었지. 중국의 왕은 험준한 산맥을 넘고 거친 바다를 건너 먼 나라로 쳐들어갈 생각이 없었고, 머나먼 서쪽 나라들도 그렇게 힘든 일을 하려고 하지 않았어. 다만 북쪽의 초원에서 시시때때로 사나운 부족들이 쳐들어왔는데 그들이 늘 골칫거리였어. 중국의 왕과 신하들은 아시아의 동쪽 지역을 통일하고는 북방 부족이 중국으로 쳐들어오지 못하도록 국경에 만리장성을 쌓았단다."

그런데 이 만리장성이라는 것이 어쩌면 전쟁보다도 더 골치 아팠다는 거예요. 수없이 많은 농부와 아내가 집을 떠나 멀리 공사 현장으로 끌려가고, 고생 끝에 왕을 원망하며 죽었어요. 몇천 년 동안 왕들은 만리장성의 부서진 곳을 보수하고, 길게 더 길게 늘였어요. 만리장성의 돌 성벽은 높은 고원과 산을 넘어 사막과 강을 지나, 중국의 서쪽에서 동쪽까지 구불구불 5000킬로미터나 이어져 있대요.

"중국은 커다란 나라였을 때도 있었고 몇백 년 동안 여러 나라로 나뉘어 있기도 했어. 왕의 성들도 여러 번 바뀌었단다. 희 씨, 영 씨, 유 씨, 양 씨, 이 씨, 조 씨, 주 씨……. 여러 집안이 차례로 왕의 가문이 되고 그때마다 나라 이름도 바뀌었지.

중국의 수많은 왕들 중에는 중국 사람도 있고 다른 나라 사람도 있었어. 하지만 누가 왕이 되든 사람들은 자기들이 살고 있는 나라가 여전히 중국이라고 생각했어. 이상한 건 정복자들도 그렇게 생각했다는 거야! 중국의 북쪽에서 몽골족이나 만주족이 쳐들어와 왕을 사로잡고 중국의 왕이 되었을 때에도 중국은 사라지지 않았어. 몽골족이나 만주족은 중국 사람들의 말과 글, 노래, 생각과 풍습을 바꿀 수 없었고 그럴 생각도 없었단다. 중국을 차지한 몽골족과 만주족은 지나치게 오래되어 낡고 늙은 중국에 활기차고 늠름한 기상을 더해 주었고 중국의 역사를 당당하게 이어 갔어."

그런데 만주족의 왕 누르하치는 꼭 두 가지는 바꾸었어요. 남자들은 앞머리를 빡빡 밀고 뒷머리는 길러서 땋게 하고요. 여자들에게는 전족을 하게 했어요. 여자아이들은 아파서 울면서도 발가락을 억지로 구부리고 헝겊으로 꽁꽁 묶었어요. 그러면 발이 제대로 자라지 못해서 죽을 때까지 아기 발처럼 조그맣게 되는 거예요. 조그만 발을 가져야지만 우아하고 신분이 높은 여자로 대접을 받았다나요.

지금은 이런 일이 사라졌어요. 하지만 옛날에는 거지와 하녀를 제외하고는 남자들은 변발을 하고 여자들은 전족을 했대요.

중국은 다른 나라의 노예도 필요하지 않았고 다른 나라의 보석도 귀한 물건들도 탐내지 않았어요. 중국 사람들은 언제나 자기 나라가 세계의 중심이라고 믿었어요. 중국의 왕들은 지도를 만들 때마다 중국을 세계 한가운데 그려 넣게 했어요. 그리고 북쪽과

100년 전까지만 해도 중국 여자아이들이 신었다는 신발이에요.
도대체 왜 손바닥만 한 신을 억지로 신겼던 걸까요?
나라면 코웃음을 치며 신발을 발로 뻥 차 버릴 거예요.

동쪽, 서쪽과 남쪽에 있는 나라들을 모두 오랑캐라고 불렀어요. 주변의 나라들은 중국의 글자와 학문을 배우고 싶어 했고, 중국에 사절을 보내고 예물을 바쳤어요.

중국을 하나로 만들어 준 한자

학자들은 신기하게 생각한대요. 중국만큼 크고 중국만큼 오래된 나라가 어떻게 갈라지지 않고, 민족과 정신과 문화와 전통이 대대로 이어졌는지 말이에요. 거기에는 비밀이 있어요!

"중국의 글자와 학문은 오랫동안 내려온 중국만의 보물이란다. 중국 글자는 한자라고 부르는데, 한자는 정말 놀라운 글자란다. 이집트와 수메르, 인도 사람들이 쓰던 고대의 글자는 먼 옛날에 사라지고 돌과 진흙판, 파피루스에 새겨진 글자들만 남아서 박물관 유리 상자 안에 얌전히 갇혀 있지. 하지만 한자는 10억 명이 넘는 사람들이 지금도 날마다 쓰고 있어.

한자는 소리를 흉내 낸 글자가 아니라 뜻을 적은 글자란다. 민족이 다르고 쓰는 말이 달라도 한자는 꼭 같은 뜻을 전해 주지. 자, 봐라. 산을 가리킬 때는 '山'이라고 쓴다."

나도 알아요, 山. 그건 뾰족한 봉우리와 골짜기가 있는 산의 모습을 본떠 그린 거예요.

"어떤 부족은 이걸 '싼'이라고 발음하고 어떤 부족은 '짠'이라고 발음하지만 산을 뜻하고 싶을 때는 모두 '山'이라고 쓴단다. 한자는 세월이 아무리 흘러도 글자나 문법이 많이 변하지 않아."

선생님 말씀이, 1000년 후의 사람이라도 조금만 공부하면 1000년 전의 책을 읽을 수 있다는 거예요! 그렇다면 정말 멋진 일이에요. 1000년 후에 어떤 아이가 내가 쓴 글을 읽는다고 생각해 봐요.(내가 쓴 글이 그렇게 오래 남아 있다면 말이에요.) 글을 풀이해 주는 사람이 없어도 그 아이는 내 마음을 알 수 있을 테니까요.

그러니까 이것이 바로 비밀이에요. 1000년 뒤의 사람도 1000년 전의 글을 읽을 수 있고, 한자와 함께 오래오래 된 지혜와 학문, 중국 곳곳의 수많은 이야기들이 5000년이 넘도록 변함없이 살아 있지요.

"중국 글자를 왜 한자라고 부르는지 말해 주마. 지금부터 2200년쯤 전에 중국의 백성들은 포악한 왕 아래에서 고통스럽게 살고 있었단다. 그때에 유방이라는 시골의 한 농부가 큰 뜻을 품고 반란을 일으켰지. 한쪽에서는 항우라는 용감한 장수가 세력을 키우고 있었고.

유방은 한나라를 세우고, 항우는 초나라를 세웠단다. 중국을 차지하려 둘은 목숨을 걸고 싸웠어. 치열하고 비장한 이때의 이야기가 소설 『초한지』로 전해진단다."

난 당장 도서관에서 『초한지』를 빌렸어요. 두껍기는 하지만 그래도 읽어 보고 싶어요. 선생님은 장기 놀이에도 한나라와 초나라의 이야기가 숨어 있다고 했어요. 장기판의 빨간 말이 한나라 군대이고 파란 건 초나라 군대라는 거예요.

장기판에서는 초나라가 이길 때도 있고 한나라가 이길 때도 있지만 역사 속에서는 누가 중국을 통일했을까요? 바로 한나라예요. 초나라 왕 항우는 용감하고 기개가 있었지만, 한나라 왕 유방은 지략과 인품이 뛰어난 신하들을 가려 뽑을 줄 알았어요!

유방의 뒤를 이은 한나라의 왕들은 나라의 질서를 튼튼하게 세우고 부강하게 만들었어요. 그때 이후로 중국 민족을 한족, 중국 글자를 한자라고 부르게 되었대요.

한자 공부는 어려워요. 한자를 배울 때는 우리말처럼 기역, 니은, 아, 야, 어, 여 스물네 자만 외우면 되는 것이 아니라 엄청나게 많은 글자를 따로따로 외워야 해요. 중국 아이들은 몇 년 동안 선생님에게 종아리를 맞으면서 천자문을 떼는데 그러면 가장 중요한 1000자를 알게 되는 거예요. 하지만 그 뒤로도 공부를 계속하려면 1만 자를 외워야 해요! 엉덩이에 굳은살이 박일 정도로 공부를 많이 하는 학자들은 그러고도 또 5만 자를 더 외워야 하고요.

휴! 내가 중국 사람이 아니라서 다행이에요. 중국 아이들은 노인이 되어서도 매일매일 글자를 배워야 할 거예요.

선생님은 연필을 들고, 연필이 마치 붓인 것처럼 팔을 휘둘러 공중에다 한자를 적었어요.

"한자는 붓으로 단번에 써 내려가면 훨씬 더 아름다운 글자란다. 중국 학자들은 어떻게 해야 글씨를 더 편하고 더 아름답게 쓸 수 있는지 고민을 한 게 틀림없어. 무엇으로 써야 할지, 어디에 써야 할지 말이다. 처음에 중국 사람들은 소뼈나 거북딱지에 송곳으로 글을 새겼어. 그 뒤에는 대나무에, 그 뒤에는 비단에 글을 썼고. 붓으로 비단에 글씨를 쓰면 우아하게 보였단다. 하지만 비단은 너무 비쌌어. 그러다가 종이를 발명했지. 그런데 그것이 말이야, 쓰레기로 보물을 발명한 셈이지 뭐냐!"

종이를 만들려면 낡은 삼베옷과 다 떨어진 삼베 끈, 못 쓰는 그물, 헝겊 쪼가리 들을 모아서 잘게 썰고 솥에 푹푹 삶아야 한대요. 그러면 풀처럼 되는데 이것을 잘 반죽해요. 그런 다음에 돗자리에

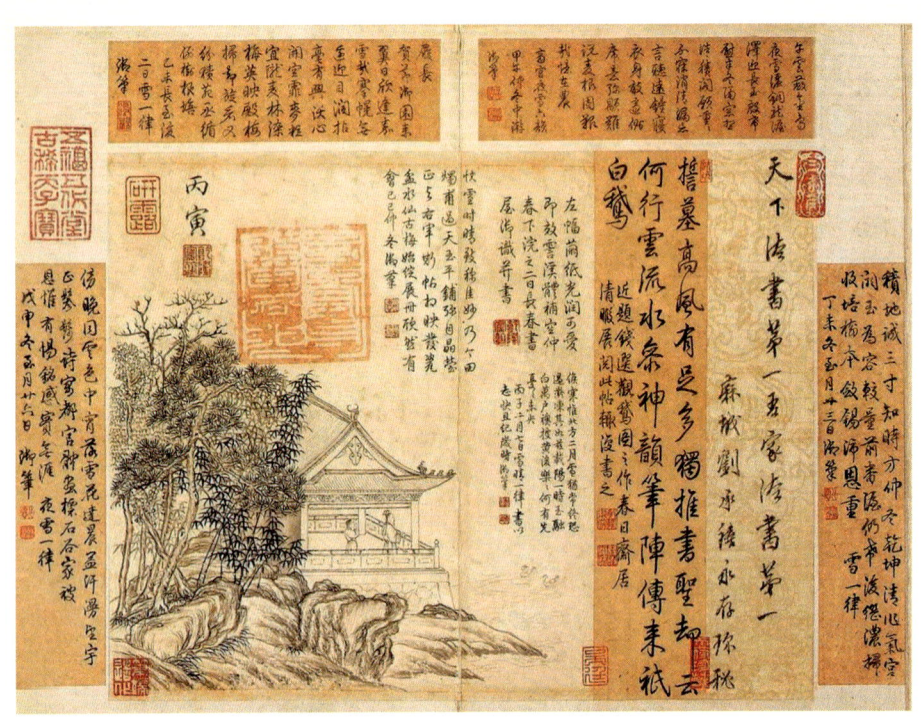

1700년 전에 살았던 왕희지란 사람은 중국에서 제일가는 서예가였어요.
얼마나 아름답게 글씨를 썼던지 중국의 모든 황제들이 글씨를 탐낼 정도였대요.

아주 얇게 펴서 말리면 부드럽고도 질긴 종이가 된답니다!

종이는 비단이나 양피지에 비하면 훨씬 값이 쌌기 때문에 가난한 선비들도 종이에 글을 쓰고 책을 사서 공부할 수 있었대요. 중국의 가난한 선비들은 일생을 바쳐서 한자를 외우고 글공부를 했어요. 중국은 세계에서 제일 먼저 시험을 발명한 나라랍니다! 시험이 무척 어렵기는 하지만, 농부의 아들이라도 공부를 많이 하고 시험에 합격한다면 나라의 관리가 되어서 궁궐에서 일하거나 고을을 다스릴 수도 있었어요. 이건 중국이 아닌 다른 나라에서는 아주 드문 일이었어요. 다른 나라에서는 귀족의 아이들만 왕의 신하가 되었기 때문이에요.

오랫동안 공부한 중국의 선비들은 왕의 신하가 되어서 나라의 크고 작은 문제들을 고민하고 백성들을 살폈어요. 귀족이나 군인, 성직자가 아니라 학자들이 나서서 백성을 다스렸지요. 중국에서 신하는 왕 못지않게 중요한 사람이었어요. 중국의 역사책은 수많은 왕들뿐 아니라 훌륭한 신하들과 간신들의 이야기로 가득 차 있어요.

나라의 관리가 되려는 선비들은 모든 학문 중에서 공자의 말씀을 가장 많이 공부했어요.

공자 할아버지

지금부터 2500년쯤 전에 황허 강 근처에서 공자가 태어났어요. 공자는 성이 공 씨이고 이름이 구예요. 공자가 태어났을 때 머리가 유별나게 울퉁불퉁해서 언덕 구 자를 써서 구라고 이름을 지었대요. '자'는 어떤 사람을 존경하는 마음으로 높여서 부르는 말이에요. 그러니까 공구 할아버지를 공자라고 부르는 건 '공 선생님' 하는 뜻인 거죠. 공자는 커서도 머리가 여전히 울퉁불퉁하고, 키가 아주 커서 별명이 꺽다리였대요.

공자는 나라의 관리가 되고 싶어 했어요. 나라를 잘 다스려서 세상을 훌륭하게 만드는 것이 자나깨나 공자 할아버지의 꿈이었지요. 공자 시대에는 중국이 열 개가 넘는 나라로 쪼개져 있었어요. 공자는 혹시 자기의 뜻을 제대로 펼칠 수 있는 나라가 있을까 하여 세상을 오랫동안 돌아다녀 보았지만 모두 거절당했어요.

공자 할아버지는 책과 음악을 좋아하고 노래를 잘 불렀어요. 잘 웃고 잘 기뻐하고 늘 공손하고 사람을 편안하게 대했어요. 사랑하는 제자가 죽었을 때에는 너무 슬퍼서 며칠 동안 꺼이꺼이 울었고, 왕의 도리를 잃어버린 패악한 왕과 신하의 도리를 내다 버린 나쁜 신하들, 게으르고 말만 번드르르한 제자에게는 무섭게 화를

냈어요.

"공자는 제자들을 많이 가르쳤단다. 공자의 학생들은 어진 관리가 되는 길과 올바른 인간이 되는 길을 배웠지. 공자는 부모의 사랑을 알고 마음을 다해 부모를 섬길 줄 아는 동물은 인간밖에 없다고 생각했어. 백성들에게 효도하는 마음을 널리 펴면 세계가 평화로워질 거라고 믿었단다. 나라를 다스리는 왕과 신하들도 누구보다 먼저 이런 마음을 배워, 부모를 사랑하는 마음으로 백성을 잘 보살피길 바랐어."

하지만 선생님은 말씀하셨어요. 공자가 살았을 때는 공자의 위대함을 알아본 왕이 없었다고요. 공자를 따라 떠돌이 신세가 된 제자들도 때때로 공자를 못마땅하게 생각했지요. '우리는 코뿔소도 아니고 호랑이도 아닌데 왜 정착하지 못하고 광야에서 이리저리 방황해야 합니까!' 하고 불평을 늘어놓았어요.

공자 할아버지가 죽고 몇백 년이 지난 뒤에야 사람들은 공자의 말씀과 가르침을 기억하고 공부했어요. 그 뒤로 2500년 동안 죽 그랬지요. 외딴 시골에서 사는 늙은 농부들도 공자가 가르쳐 준 대로, 나라에 충성하고 부모를 공경하고 조상들을 잘 섬기며 반듯하게 살려고 노력했어요.

공자는 백성들을 제대로 살피고 사랑하고 이끌어 줄 수 없는 왕은 왕이 아니라고 말했기 때문에, 폭정에 시달릴 때면 백성들은 이따금 반란을 일으켰어요. 그래서 중국에는 왕의 자손들만 왕이 된 것이 아니라 농부와 떠돌이 중, 한낱 군졸도 새로운 나라를 세우고 왕이 되었어요. 나라가 바뀌어도, 외국의 왕이 중국을 정복했을 때에도 중국은 오래오래된 공자의 가르침을 지키려고 했어요.

황제의 답장

"공자와 한자, 수많은 책들, 종이, 나침반, 화약, 도자기, 비단, 만리장성, 넓은 땅, 번화하고 유서 깊은 도시……. 중국에는 다른 나라들이 갖지 못한 자랑거리들이 넘쳐났단다. 중국의 왕들은 다른 나라의 왕들도 다 쓰는 왕이라는 칭호가 마음에 들지 않았어. 그보다 더 근사하고 힘 있어 보이는 이름을 원했지. 그래서 중국의 왕들은 황제라고 불렸단다."

스스로를 처음으로 황제라고 부른 **진시황**부터 마지막 황제 **선통제**까지 수백 명의 황제들이 중국을 다스렸어요. 멍텅구리 백치 황제, 33일 만에 쫓겨난 무력한 황제도 있었지만, 밭을 갈고 누에를 키우며 백성들의 본이 된 황제, 학문을 사랑하고 훌륭한 신하들을 가려 쓴 능력이 출중한 황제도 있었지요.

"만약에 서기 1000년쯤에 세상을 두루 여행하고 공정하게 판단한 사람이 있었다면 세계에서 중국이 가장 변화하고 문명이 발달한 나라라고 주저 없이 말했을 거다. 그런 사람이 정말로 있었는데, 수많은 황제들 다음에 몽골족의 쿠빌라이가 황제가 되었을 때 머나먼 유럽에서 **마르코 폴로**라는 젊은이가 중국을 찾아왔지.

 마르코 폴로는 말할 수 없이 크고 화려한 도시들과 거대한 궁궐, 드넓은 광장, 끝없는 운하와 아름다운 배들과 다리, 온갖 진귀한 먹을거리와 장신구가 넘치는 시끌벅적한 시장, 어마어마한 나라를 다스리는 현명한 황제를 보았단다. 하지만 마르코 폴로가 고향으로 돌아가 유럽보다 더 뛰어난 문명 세계에 대해 알려 주었을 때 유럽 사람들은 그럴 리가 없다며 코웃음을 쳤지."

하지만 선생님은 그건 중국도 마찬가지였다고 했어요.

"중국은 너무 오랫동안 자신만만했단다. 중국은 크고 오래된 나라이고 자기 나라 안에 필요한 모든 것들이 다 있었으니까 말이야. 거대한 영토를 가졌지만 점점 우물 안 개구리처럼 되어 갔지. 나중에는 공자의 말씀만 달달 외우고, 다른 나라에는 배울 만한 것이 있을 리 없다고 생각했어."

　스멀스멀 위험이 다가오고 있었을 때에도 중국은 자존심이 하늘을 찌를 듯했어요. 1700년대가 끝나갈 무렵 중국에 영국인들이 몰려왔어요. 황제는 자신에게 조공을 바치려고 먼 데서 사신들이 찾아온 줄 알았어요. 사신들이 영국 왕의 편지를 내밀었지요. 하지만 거기에는 자기 나라 상인들이 중국에서 마음 편히 물건을 팔게 하고 또 외교관들을 중국에 머물게 하겠노라 적혀 있었어요.

　중국의 황제 **건륭제**는 교양이 있고 서예를 잘하는 사람이었대요. 건륭제는 영국 왕 조지 3세에게 위엄 가득한 답장을 보냈어요.

　오호! 그대 국왕이여. 그대는 먼 나라에 살면서 우리 문명의 은혜를 받으려고 하는 기특한 마음으로 공손하게 사절을 보냈으니 갸륵하기 짝이 없도다.

　그대여. 드넓은 세계를 통치하는 나의 목적은 오직 하나, 우리 나라를 잘 보호하고 완벽하게 다스리는 것뿐이니, 나는 낯설고 비싼 물건에는 아무 관심이 없노라. 나는 그대 나라의 물건들을 원하지 않으며 그것은 그대에게나 가치가 있을 뿐이다.

　왕이여, 나는 그대를 타이르려고 한다. 그대는 짐의 뜻을 잘 새겨 앞으로 좀 더 큰 헌신과 충성을 보여 주기를. 그리한다면 그대 나라의 평화와 번영을 지켜 나갈 수 있으리라. 아무쪼록 경거망동하지 말지어다…….

"영국 왕은 이 편지를 읽고 웃음을 터뜨렸단다. 중국의 황제는 유럽의 여러 나라들이 그동안 얼마나 발전했는지 알지 못했어. 중국이 자기 나라의 역사에 파묻혀 세상을 보지 못한 사이에 유럽은 새로운 과학기술과 군사기술로 세계를 정복했는데 말이야.

유럽은 수많은 도시에서 끝없이 상품을 만들어 댔고, 그것을 팔기 위해 군인들과 상인들이 배에 무기와 상품을 싣고 세계를 휘젓고 다녔어. 유럽 사람들은 옷과 기계와 마약과 기차를 비싸게 팔고, 나무와 보석과 금과 쇠와 곡식을 헐값에 빼앗아 갔지."

1840년에 중국은 처음으로 먼 서양의 나라와 전쟁을 하게 되었어요. 아편을 중국에 팔려는 영국과, 아편 때문에 백성들이 망가지는 걸 더 이상 참을 수 없는 중국이 전쟁을 벌인 거예요.

중국 사람들은 전쟁에 졌을 뿐만 아니라 처음으로 유럽의 문명이 중국보다 더 뛰어나다고 생각하게 되었어요. 영국 다음에는 프랑스, 러시아, 독일, 일본이 중국을 넘보았어요. 옛 중국은 차츰차츰 무너졌고, 중국의 관리들은 서로 권력을 차지하려고 자기들끼리 싸웠어요.

"하지만 5000년이 넘는 오랜 역사가 중국을 지켜 주었어. 이제

무장한 군대를 거느린 영국인이 중국 황제에게
당장 '선물'을 사라고 으름장을 놓고 있어요.
하지만 작은 나무 상자 안에는 마약이 잔뜩 들어 있었어요!

중국은 왕이 다스리지 않는단다. 중국 백성들은 공산당을 새로운 지도자로 삼았어."

선생님은 중국이 앞으로 어떤 나라가 될지는 지켜보아야 한다고 했어요. 중국은 예전의 영화를 되찾고 강대한 나라가 될까요? 다시 거만한 나라가 될까요?

오래 전 황허 강가에 살던 부족들은 자신들이 용의 후계자라고 믿었대요. 반은 동물이고 반은 신이고, 영원하고 놀라운 힘을 가진 용 말이에요. 중국 사람들은 먼 옛날의 전설을 지금도 믿을까요? 우리 선생님은 이렇게 말씀하셨어요.

"먼 옛날의 전설이야 믿든지 안 믿든지, 중국 사람들은 스스로 놀라운 힘이 있다고 생각한단다."

3부
유럽

여덟째 날
작은 대륙 유럽

　오늘은 도서관에서 괴상하고 재미있는 지도들을 보았어요. 나는 처음에 그게 지도인 줄 몰랐어요. 지도는 지구본처럼 둥글거나 벽에 걸린 세계지도처럼 네모난 거잖아요. 책이 네모나고 책상이 네모반듯한 것처럼 말이에요. 지도가 세모라든가 누운 달걀 모양이라든가 말안장 모양이라든가 반달 모양이라든가 조각조각 찢어진 모습일 수는 없을 거예요. 그런데 선생님이 바로 그런 지도를 들여다보고 있었어요!

　선생님은 이제 유럽 대륙 이야기를 들려주고 싶은데 그러려면 먼저 지도의 비밀을 눈치채야 한다고 말씀하셨어요. 아이들도 꼭 알아야 하는 속임수가 글쎄, 네모난 지도 속에 숨어 있다는 거예요. 그러니까 이렇게 된 이야기예요.

"오랫동안 지도학자들은 납작한 종이에 둥근 지구의 모습을 그려 넣으려고 무척이나 골머리를 앓았단다. 그러다가 1569년에 벨기에의 **메르카토르**라는 학자가 마침내 지구의 모든 대륙을 한눈에 보여 주는 네모난 지도를 만들었어. 공 모양 지구를 원기둥 모양으로 바꾸고, 원기둥의 옆면을 펼쳐서 거기에 지도를 그린 거란다.

이 지도는 아주 쓸모 있었어. 그 무렵 유럽의 상인들은 배를 타고 사나운 바다를 건너 멀리 아시아와 아프리카까지 장사를 하러 다녔어. 바둑판처럼 눈금이 똑바른 이 지도가 항해를 할 때 무척 편리했단다. 메르카토르의 아버지는 신발 만드는 사람이었는데 기념할 만한 신발은 하나도 없지만 아들이 만든 지도는 역사에 남을 만큼 유명해졌단다."

하지만 공처럼 둥근 지구를 납작하고 네모나게 만드는 바람에 문제가 생겼대요. 북극과 남극으로 갈수록 땅이 실제보다 점점 더 커져 버린 거예요. 북극에 있는 그린란드가 남아메리카 대륙만큼

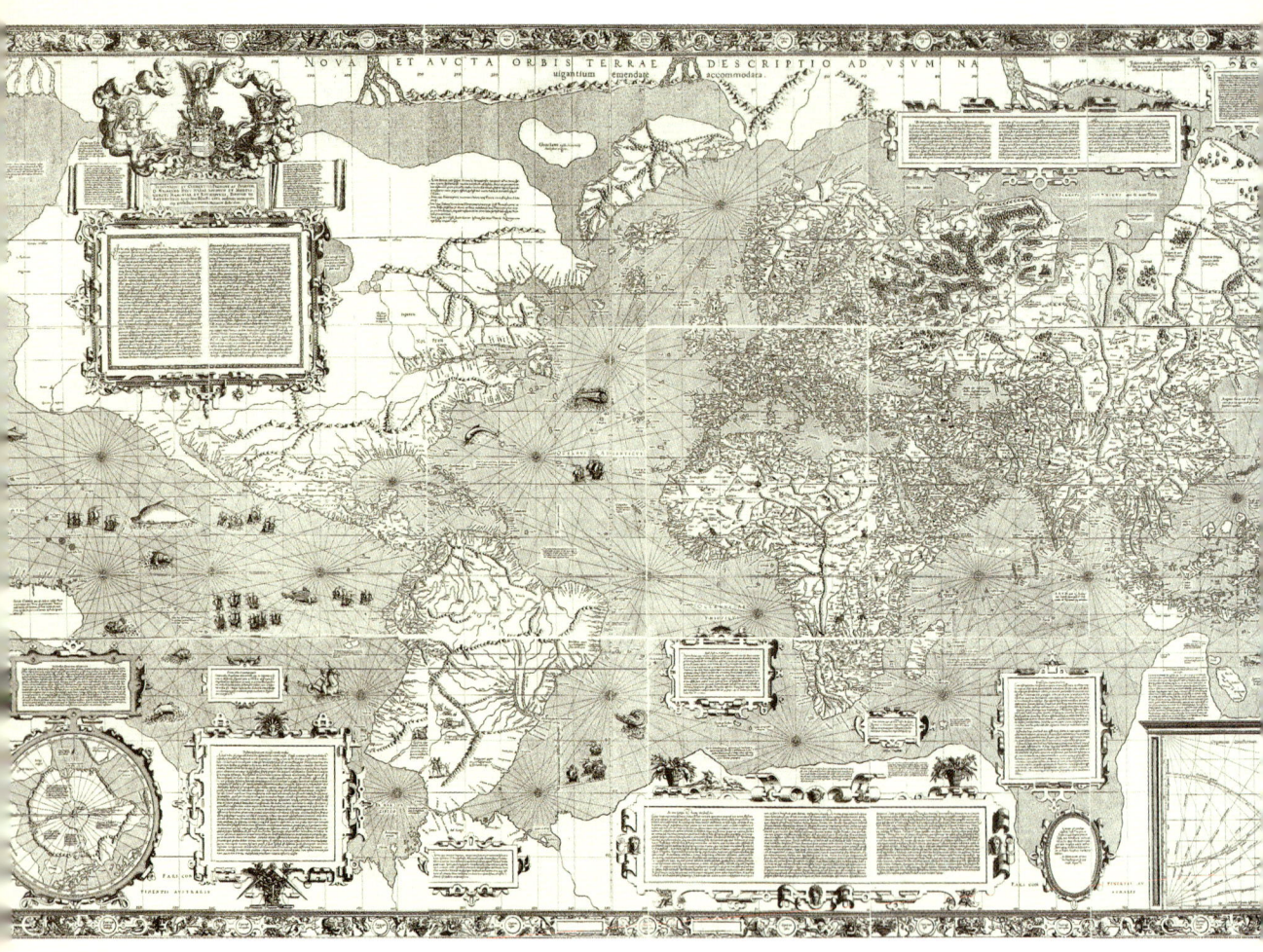

지금으로부터 500년쯤 전에 메르카토르가 이런 지도를 완성했어요.
자동차도 비행기도 없을 때인데 어떻게 그린 건지 정말 신기해요.

이나 커지고, 유럽과 러시아, 북아메리카도 어마어마하게 커져 버리고요.

"대륙의 크기가 제멋대로 늘어나 버렸지만 네모난 세계지도는 500년 동안이나 인기를 끌었단다. 지금도 이렇게 네모난 세계지도가 학교, 아이들의 공부방, 은행, 도서관, 여행사, 우체국 어디에나 걸려 있지."

맞아요! 우리 집 부엌 꽃무늬 벽에도 걸려 있는걸요! 선생님이 말씀하시길, 유럽 사람들은 자기네 대륙이 크게 보인다고 이 지도를 좋아한대요.

"하지만 지도학자들은 네모난 세계지도에 문제가 많다는 걸 알고 있지. 지도학자들은 둥근 지구를 납작하고 평평한 종이 위에 펼치면서도, 대륙과 나라의 크기를 실제와 비슷하게 해 보려고 연구했단다. 지도를 자르고 벌리고 구부리고 오므리면서 여러 가지 방법으로 지도를 그려 보았지."

아하! 그렇게 해서 달걀 모양 지도, 반달 모양 지도, 마름모꼴, 말안장 모양, 귤껍질 모양 지도, 뾰족뾰족 찢어진 지도, 갖가지 지도들이 탄생하게 되었어요. 선생님 책상에 흩어져 있는 바로 그 지도들 말이에요.

귤껍질 모양 세계지도예요.
바다가 갈라지고 남극이 쪼개졌어요!
그래도 대륙의 모양과 크기가 실제와 가장 비슷해요.

나는 깨진 공룡 알껍데기 같기도 하고 귤껍질 모양 같기도 한 세계지도가 마음에 들어요. 지구가 둥글게 보이면서도 세계를 한눈에 볼 수 있거든요.

"이 지도는 구드 지도라고 부른단다. 대륙의 크기가 실제와 거의 비슷하게 그려져 있지. 흠이라면 아래쪽에 남극 대륙이 찢어져서 네 조각이 났다는 거지만 말이다."

구두 지도라고요? 하지만 나는 귤껍질 모양 지도라고 부를래요. 귤껍질 모양 세계지도를 보면 유럽 대륙은 아주 작아요. 유럽의 나라들을 다 합친 땅덩어리가 겨우 인도만 하지 뭐예요.

유럽 대륙 정하기

나는 부엌에 걸린 네모난 세계지도를 귤껍질 모양 세계지도로 바꾸고 싶어졌어요. 그런데 부엌에 걸 만큼 커다란 귤껍질 모양 지도는 아무 데서도 팔지 않는다는 거예요.

우리는 문방구에서 커다란 종이를 사 와서 귤껍질 모양 세계지도를 직접 그리기로 했어요! 커다란 종이에 찢어진 귤껍질 모양을 그리고 그 안에 눈금을 긋고 칸을 세어서 아프리카와 아시아, 아메리카, 오스트레일리아 대륙을 그려 넣었어요. 마치 내가 지도

학자가 된 기분이었어요! 화가처럼 멋지게 색칠도 했어요. 아프리카 대륙은 갈색, 아시아 대륙은 노란색, 아메리카 대륙은 오렌지색, 오스트레일리아는 파란색, 남극은 내가 좋아하는 분홍색으로 칠했어요. 그런데 왜 대륙이 다섯 개뿐이지? 대륙이 여섯 개여야 하는데…….

"앗, 선생님, 유럽 대륙이 없어요!"

선생님은 빨간 색연필로 지도 위에 줄을 그었어요. 마치 거인이 땅따먹기를 하는 것처럼, 아시아 대륙에 있는 러시아를 반으로 쭉 갈라 버리지 뭐예요. 아래쪽으로 내려가 카스피 해와 흑해 사이에도 줄을 그었어요.

"자, 다 됐다. 빨간 줄 왼쪽이 유럽이란다."

나는 그런 건 누가 정하는지 궁금했어요.

"선생님이 정한 거예요?"

"나는 아니다. 나라면 그런 건 정하지 않을 거야."

"그러니까 여기가 유럽 대륙이에요?"

"대륙은 무슨 대륙! 대륙이란 모름지기 바다와 바다로 멀리 떨어져 있는 거대한 땅덩어리여야 하는 거야. 유럽은 아시아 귀퉁이에 붙어 있기 때문에 엄격하게 말해서 대륙이라고 부를 수 없어.

유럽과 아시아 대륙은 붙어 있어요.

유럽과 아시아가 있는 거대한 대륙을 부르는 말은 따로 있는데, 과학자들이 유라시아 대륙이라고 부른단다."

정말이에요. 아프리카, 아시아, 아메리카, 오스트레일리아 대륙은 바다와 바다 사이에 뚝 떨어져 있고, 남극 대륙도 바다 한가운데 외따로 있어요. 그런데 유럽과 아시아는 한 덩어리로 붙어 있어요. 나는 그것도 모르고 유럽과 아시아를 다 노랗게 색칠해 버렸어요!

"먼 옛날에 사람들이 유럽과 아시아가 붙어 있는 거대한 땅덩어리라는 것을 몰랐을 때, 유럽이 대륙일 것이라고 잘못 추측했던 거란다. 그런데 알고 보니 유럽과 아시아는 붙어 있더란 말이지. 그러니 어디까지가 유럽이고 어디까지가 아시아라고 해야 할까?"

유럽의 서쪽에는 대서양이 있어요. 남쪽에는 지중해가 있어요. 하지만 동쪽은 어디를 경계로 할지 골치가 아팠대요. 아시아와 유럽에 걸쳐 있는 러시아와 터키는 어떤 때는 유럽이었다가 어떤 때는 아시아였다가 의견이 분분했고요. 지금은 러시아 한가운데 있는 우랄 산맥을 기준으로 유럽과 아시아를 가른대요.

정말 이상하고 재밌지 뭐예요? 같은 러시아 사람인데 산맥 왼쪽에 사는 사람은 유럽 사람이고 산맥 오른쪽에 사는 사람은 아시아 사람이라니, 우랄 산맥에 가면 물어봐야겠어요. 우랄 산맥의 산지기 아저씨는 유럽 사람일까요, 아시아 사람일까요?

"터키 사람들도 마찬가지란다. 터키 사람들의 조상은 아시아의 투르크족이었어. 하지만 이 나라는 너무나도 오랫동안 로마 제국에 속해 있었고, 오래 전부터 유럽 사람들이 많이 들어와 살았기 때문에 종족이 뒤섞이게 되었어. 그러니 터키를 유럽이라고 해야 할지 아시아라고 해야 할지 아무도 모른단다."

집, 옷, 종교, 음식, 전통……. 터키는 모든 것이 반은 유럽 같고 반은 아시아 같은 멋진 나라예요. 유럽인의 피와 아시아인의 피가 반반씩 섞인 사람들이 모여 살고 있으니까요. 인종과 문화가 뒤죽박죽이고 전쟁도 많이 일어났지만, 내 생각에는 그래서 좋은 것도 있을 것 같아요. 터키 사람들은 유럽인이기도 하고 아시아인이기도 하니까 유럽의 여러 나라들과도 친하고 아시아의 나라들과도 친하면 되지 않을까요?

"서로 다른 종족이 친하게 지냈다는 이야기는 역사에 별로 나오지 않는단다."

그것 참 유감이네요.

작은 대륙에 나라들이 옹기종기 모여 있어요.
유럽에 지금의 나라들이 생겨난 지는 그리 오래되지 않았어요.

오늘 수업은 이것으로 끝이에요! 아주 오래오래 걸려서 세상에서 하나뿐인 나만의 세계지도를 완성했거든요. 지도를 그리느라 얼마나 고생했다고요. 오늘 밤엔 내가 그린 멋진 세계지도를 보면서 잠들 거예요.

북적북적 유럽의 나라들

유럽에는 부자 나라, 유명한 나라들이 많아요. 그래서 나는 유럽이 지구에서 가장 커다란 대륙일 거라고 생각했어요. 그런데 아니었어요. 나는 지구본을 들고서 천천히 돌려 보았어요. 그러면 진짜 유럽이 보여요! 거대한 아프리카 대륙 위쪽, 아시아 대륙 옆 귀퉁이에 유럽이 있어요!

이렇게 작은 대륙에 나라들이 45개나 있다는 거예요. 믿어지지 않아요. 나는 지도에서 나라들을 찾아 세어 보았어요.

우랄 산맥 서쪽에 러시아의 반쪽이 있고, 그 왼쪽에 에스토니아, 라트비아, 리투아니아, 벨라루스, 폴란드, 슬로바키아, 헝가리, 체코, 우크라이나, 몰도바가 있어요. 무시무시한 드라큘라 백작의 전설이 전해져 내려오는 루마니아도요! 루마니아 아래에는 불가리아, 그리스, 마케도니아, 알바니아, 세르비아, 몬테네그로가 있어요. 이 나라들은 유럽에서 동쪽에 있다고 동유럽이라고 불러요.

동유럽의 나라들은 오랫동안 로마와 터키, 러시아의 지배를 받았기 때문에 세계의 역사책에는 이름이 잘 나오지 않는대요. 선생님이 어렸을 때 어떤 나라들은 지도에 없었대요. 하지만 이제는 모두 독립해서 어엿한 나라가 되었어요. 부유하지 않아도 동유럽의 나라들은 저마다 오래된 전통이 있어요.

선생님은 우크라이나의 한 작은 시골 마을에 머문 적이 있었는데, 산과 언덕이 아름답고 마을과 집과 사람들이 어찌나 순박한지 영원히 그곳에 머물러 살고 싶었다고 했어요.

우리는 상상 속에서 동유럽을 여행하고 차츰차츰 서쪽으로 향했어요. 서쪽에는 유명하고 콧대 높은 나라들이 모여 있어요. 독일, 네덜란드, 룩셈부르크, 덴마크, 스위스, 오스트리아, 프랑스, 이탈리아, 스페인, 포르투갈, 영국, 아일랜드……. 그리고 북쪽에 노르웨이, 스웨덴, 핀란드가 있어요.

유럽은 작은 대륙인데 나라가 어찌나 많은지, 공책만 한 세계지도에는 나라와 수도 이름을 다 적을 수도 없을 것 같아요. 하지만 옛날 지도는 그리기 쉬웠을 거예요. 왜냐하면 옛날에는 유럽에 나라들이 없었기 때문이에요! 프랑스도 영국도 독일도 덴마크도 오스트리아도, 삐삐의 나라 스웨덴도 없었어요. 겨우 이삼백 년 전에야 유럽 사람들은 나라를 가르고 따로따로 왕을 뽑기로 했대요!

켈트족과 게르만족

"아시아의 나라들이 수천 년이나 된 것과 비교하면 유럽의 나라들은 아직 젊단다. 하지만 유럽에도 석기 시대부터 사람들이 많이 살고 있었지. 켈트족, 앵글족, 색슨족, 노르만족, 고트족, 프랑크족, 반달족, 부르군트족, 롬바르드족, 마자르족, 슬라브족…….이름도 특이한 수많은 부족들이 흩어져 살았단다."

켈트족이라면 나도 들어 본걸요. 켈트족은 아주 오래전에 유럽에 살던 부족이에요. 그들의 후예가 지금도 영국의 스코틀랜드, 웨일스 지방에 살고 있어요. 켈트족은 싸움을 잘하는 전사 부족이었어요. 키가 크고 머리는 금빛으로 빛나고 얼굴색이 붉고 눈빛이 매섭고 쇠붙이로 몸을 장식하는 것을 좋아했어요. 켈트족이 얼마나 용맹하고 무서웠는지 주변 민족들이 켈트족을 거인족이라고 상상했대요.

켈트족 전사들은 원탁에 빙 둘러 앉아서 회의를 했어요. 어떤 부족과 싸움을 할 것인지 말 것인지, 부족의 누군가가 잘못을 저질렀을 때 어떻게 벌줄 것인지, 중요한 일을 의논할 때마다 커다란 원탁에 둘러앉아서 의논했어요. 그래서 켈트족의 전사들을 원탁의 기사라고 부른대요.

나도 원탁의 기사를 한 명 알아요. 바로 『아서 왕의 전설』에 나오는 아서예요! 아서는 용맹한 켈트족의 족장이었어요. 아, 한 명 더 있어요. 만화 『아스테릭스』의 주인공 아스테릭스도 켈트족이었어요. 고깔 모양 헬멧을 쓰고 도끼를 들고 싸우는 귀여운 전사 말이에요. 아서 왕은 지금의 영국 땅에서, 아스테릭스는 지금의 프랑스 땅에서 활약한 켈트족의 영웅이에요.

켈트족의 조상은 처음에는 카스피 해 너머 머나먼 초원에서 살았지만, 점차 강한 종족이 되어서 지금의 독일, 프랑스, 이탈리아, 스페인, 그리고 바다 건너 영국 땅에까지 진격했어요.

"켈트족 다음에는 앵글족과 색슨족, 반달족, 고트족, 노르만족, 프랑크 종족이 유럽을 휩쓸었지. 이 부족들은 주로 유럽의 북쪽, 추운 지방에 흩어져 살았는데 역사가들이 뭉뚱그려 게르만족이라고 부른단다."

사나운 푸른 눈, 붉은 머리 게르만족은 몸집이 크고 건장하고

사람들이 아서 왕을 우러러 그 모습을 오색 빛깔 색실로 짜서 벽에 걸었어요.
사진만 봐도 용맹한 아서 왕이 생생하게 느껴져요.

싸움도 잘했어요. 게르만 부족은 거친 숲 속에서 살기를 좋아하고 살을 에는 추위쯤 거뜬히 견디지만, 따뜻한 날씨와 복잡한 도시 생활은 참을 수 없어 했대요. 지금 독일과 오스트리아에 살고 있는 사람들은 대부분 게르만족의 후손이에요.

켈트족과 게르만족에게는 글자가 없었어요. 오랫동안 이 부족들은 문명 생활을 모른 채 숲 속에서 샘과 초원, 늪지 주변을 떠돌며 살았어요. 좋아하는 장소에 집을 짓고 사냥을 하고 가축을 기르고, 부족들끼리 싸웠어요. 이웃 부족의 마을에 쳐들어가 불을 지르고 훔치고 복수를 하고 복수를 당했지요. 그러다가 훌쩍 새로운 사냥터를 찾아서 떠나는 거예요. 여자와 아이들과 그릇들을 소가 끄는 수레에 태우고 말이에요.

멀리 이집트와 수메르, 인도와 중국에서는 수천 년 전에 벌써 글자를 발명하고 숫자를 쓰고 왕을 뽑고 도시와 신전을 세우고 문명인이 되었지만 유럽 사람들은 거친 숲 속에서 오랫동안 야만인처럼 살았어요.

"그럼 유럽에 대해서는 별로 배울 것이 없어요?"

"아니, 그렇지 않단다. 켈트족과 게르만족도 언젠가는 나라를 세우고, 왕을 뽑고, 궁궐과 도시를 건설했으니 말이다.

하지만 그건 먼 훗날의 이야기고, 옛날에 유럽에 살았던 사람들 중에 꼭 이야기해 주어야 할 사람들이 있지. 바로 그리스 사람들이란다! 내일은 그리스에 대해 배울 거야. 그리스가 어디에 있는지 지도에서 잘 찾아보고 오렴."

아홉째 날
유럽의 스승 그리스

그리스는 찾기 쉬워요. 이집트에서 지중해를 건너면 그리스가 나와요. 유럽 아래쪽에 말발굽처럼 비죽 튀어나와 있어요.

"그런데 왜 꼭 그리스에 대해 배워야 하나요?"

선생님은 그리스가 없었다면, 유럽 사람들은 역사책에서 할 말이 별로 없을지도 모른다고 했어요. 그리스에 대해서 수많은 역사가들이 수없이 말씀을 했는데, 유럽 역사가들은 그리스 사람들이 마치 제 친할머니 친할아버지라도 되는 양 한다는 거예요.

정말 유럽 사람들은 2000년 동안 그리스에 푹 빠져 살았어요. 그리스의 것이라면 무엇이든 좋아하고요! 그리스의 시, 그리스의 연극, 그리스의 건축, 그리스의 방패……. 심지어 깨진 항아리, 녹슨 동전, 얼굴이 날아간 조각상이나 부러진 신전 기둥 하나라도 박물관에 모셔 두고 싶어 해요. 화가, 조각가, 건축가, 역사가, 철학자 들이 어찌나 그리스 이야기를 많이 했던지 그리스에 관한 책만으로도 도서관을 가득 채울 수 있을 정도래요.

"그리스가 그렇게 유명하나요?"

"유명하고말고! 먼 옛날 그리스 사람들이 대단하기는 했지. 유럽 사람들이 대부분 숲 속에서 야만인처럼 살고 있을 때 그리스 사람들은 시를 쓰고, 조각을 하고, 투표를 하고, 연극을 관람하고, 연설문을 썼단다!"

그리고 그리스 사람들은 과학을 발명했어요! 먼 옛날에 그리스 사람들은 이런 것을 생각했대요. 세상은 무엇으로 되어 있을까? 왜 천둥 번개가 칠까? 태양은 무엇으로 되어 있을까? 지구의 크기는 얼마나 될까?

"그리스 사람들은 질문을 던지고 자연을 관찰하고 진지하게 고민했어. 이런 사람들을 **자연철학자**라고 부른단다. 유럽 사람들은 처음에는 야만족이었지만 차츰차츰 그리스 자연철학자들의 정신을 배웠어. 훗날 유럽의 학자들은 그리스의 선배 학자들 덕분

먼 옛날 그리스의 철학자들이 아테네 학당에 모여 있어요.
한가운데에 서 있는 두 사람이 가장 열심히 토론하고 있는 것 같아요.

에 진정한 과학자가 될 수 있었단다."

유쾌한 그리스 사람들

그리스 사람들은 조금 특이하고 별난 사람들이었어요. 지금도 학자들은 먼 옛날 그리스 사람들을 신기하게 생각해요. 그리스 사람들이 어떻게 그렇게 호기심 많고 엉뚱한 사람들이 되었나 하고 말이에요. 혹시 그리스 사람들이 나처럼 너무 명랑해서 그런 거 아닐까요?

"그리스 사람들은 분명 우울한 종족은 아니었을 게다. 옛날이나 지금이나 그리스 사람들은 처음 보는 사람하고도 이야기하기를 좋아하거든. 야외에서 차를 마시며 떠들썩하게 웃고 토론을 벌인단다. 멀리서 찾아오는 관광객에게도 먼 옛날 그리스 사람들이 그랬듯이 끝없이 질문을 퍼붓는걸. 날씨가 참 좋죠? 인생이란 무엇일까요? 행복이란 무엇일까요?"

그리스 사람들은 보통 사람들도 누구나 철학자래요!

먼 옛날부터 그리스 사람들은 묻고 묻고 또 물었어요. 보통 사람들은 별로 생각하지 않는 문제들에 대해서까지도 말이에요. 그리스 사람들은 생각을 많이 하고, 광장에서 올리브 나무 아래서 길거리를 오가면서 끝없이 토론했어요. 궁금한 것도 많고 알고 싶은 것도 많았어요.

"그건 아마도 그리스에 푸르고 따뜻한 지중해 바다가 있었던 덕분일 거야. 그리스 사람들은 지중해 바다를 여행하며 다른 신을 믿고 다른 생각을 하고 서로 다른 방식으로 살아가는 사람들을 수없이 만났단다."

"지중해라고요?"

"말 그대로 '세계의 한가운데 있는 바다'란 뜻이야. 옛 유럽 사람들이 자기네가 사는 곳이 세계의 한가운데라고 생각했기 때문에 그렇게 불렀어.

지중해는 유럽과 아프리카 사이에 있는데 동굴같이 울퉁불퉁하고 기다란 바다란다. 지도를 보렴. 스페인 아래쪽 끝과 아프리카 모로코의 꼭대기 사이에 좁다란 입구가 있지? 그리로 대서양의 물이 흘러 들어와 동쪽의 그리스, 이집트, 터키까지 이어진단다. 지중해를 통하면 아시아와 아프리카와 지중해 연안의 여러 도시들로 갈 수 있었어. 그리스 사람들은 배를 타고 여행을 많이 했단다."

그리스 여행자들과 상인들은 이집트를 둘러보고 이웃에 있는

그리스 사람들은 바다로 여행을 많이 했어요.
지중해 곳곳으로 뻗어 나가 수많은 도시를 세웠어요.
지도에서 진하게 색칠되어 있는 부분이 그리스의 식민지였대요..

아시아의 도시들을 방문했어요. 아시아와 이집트에서 수학과 글자, 일 년을 계산하는 법, 별들의 움직임에 대해서도 배웠어요.

그리스 사람들은 장사도 잘했다지 뭐예요. 이 섬에서 많이 나는 것을 저 섬에 가서 팔고, 저 도시에서 잘 만드는 것을 가져와 다른 도시에 팔았어요. 그리스 상인들은 부자가 되었어요.

왕이 없는 나라

"그리스 사람들은 큰 나라를 세우는 대신 작은 도시를 세우고, 같은 도시 사람들끼리 똘똘 뭉쳐서 살았단다. 그리스 사람들은 왕을 싫어했어. 왕이 자기들더러 이래라저래라 하는 것이 싫었거든. 그래서 왕을 뽑지 않았어. 중요한 일은 귀족과 시민의 대표가 모여서 투표로 결정했단다.

그리스는 인류 최초로 민주주의를 발명했어. 중요한 일은 백성들이 직접 의논하고, 백성의 수가 너무 많아지면 백성들이 직접 뽑은 대표가 모여서 결정하는 것 말이야.

하지만 그 옛날 그리스에서는 노예와 여자, 가난한 사람들한테 투표권을 주지 않았어. 그리스가 민주주의를 발명한 것이 2000년도 더 전인데, 모든 나라에서 가난한 사람들과 여자, 신분이 낮은

옛날 그리스 사람들이 투표할 때 쓴 도자기 조각이에요.
독재자가 될 위험이 있는 사람의 이름을 쓰고, 그 사람을 나라 바깥으로 내쫓아 버렸대요.

사람들에게도 투표권을 준 것은 100년도 되지 않는단다."

역사를 공부하면 이상한 일도 참 많지 뭐예요. 대통령, 귀족, 할머니, 아줌마, 아저씨, 부자, 가난한 사람 모두 똑같이 투표를 하는 것이 너무나도 당연하게 보이는데, 그렇게 쉬운 것을 이루는 데 2000년이나 걸렸다니 말이에요. 그런데 왜 아직도 우리 어린이들한테는 투표권을 주지 않는 거예요? 불공평해요! 우리 집에서 아직도 투표권이 없는 건 염소와 나뿐이라고요.

그래도 그리스는 인류에게 좋은 것을 많이 물려주었어요. 시, 연극, 민주주의, 과학과 철학, 올림픽 경기……. 오늘날 아이들이 학교에서 배우는 과목들은 대부분 먼 옛날 그리스에서 왔대요. 체육 과목이 생겨난 것도 그리스인 덕분이고요.

그리스 사람들은 신체를 단련하는 것을 무엇보다 중요하게 생각했어요. 그리스 사람들은 운동 경기에서 승리한 사람들을 전쟁에서 승리한 장군만큼이나 높여 주었어요! 그리스의 도시들은 서로 끝도 없이 싸우다가도 경기를 치르는 해가 돌아오면 창도 방패도 내던지고 경기장으로 향했어요. 제우스 신의 신전에 모여서 달리기와 원반던지기, 창던지기, 레슬링, 전차 경주를 벌였어요.

"2000년 전 그리스 사람들의 축제가 지금은 온 세계의 축제가 되었단다. 4년마다 세계 모든 나라가 함께 하는 올림픽 경기 말이야. 어느 나라 어느 도시에서 경기를 개최해도, 경기장에서 활활 타오르는 올림픽 햇불은 지금도 그리스의 수도 아테네에서 가져온단다!"

우아, 어떻게 햇불을 꺼뜨리지 않고 바다 건너 지구 반대편까지 가져오는 걸까요?

"이런, 그리스 이야기를 계속하다간 끝이 없겠구나. 그리스가 아무리 위대했어도 그건 먼 옛날의 일일 뿐이야."

알렉산드로스 대왕

선생님은 그리스가 위대했던 건 잠깐뿐이었다고 했어요. 얼마 지나지 않아 그리스에 무슨 일인가가 일어났는데, 그 뒤로 그리스는 세계의 역사에서 두 번 다시 힘을 쓰지 못했어요.

"그리스에 수많은 도시가 있었다고 했지? 도시 하나하나마다 작지만 훌륭한 왕국이었다는 것도 말이야. 그렇단다. 지중해 곳곳에 그리스가 세운 도시들이 있었고, 도시마다 우두머리가 있고, 도시끼리 무역을 하고 전쟁을 벌였어. 싸울 때에는 서로서로 동맹을 맺고 같은 편이 되거나 다른 편이 되기도 했지.

그리스 사람들은 언제까지나 그렇게 살고 싶었을지 모른단다. 하지만 그리스의 북쪽, 마케도니아 왕국에서 한 대단한 왕이 나타나 끝도 없이 싸우는 그리스의 작은 도시들을 몽땅 정복하고 말았어.

알렉산드로스 대왕은 지략이 뛰어난 대단한 장군이었어. 가는 곳마다 전쟁에서 승리하고 서쪽으로는 멀리 이집트까지, 동쪽으로 인도 문 앞까지 쳐들어가 어마어마한 제국을 세웠단다."

하지만 알렉산드로스 대왕은 겨우 서른두 살에 전쟁터에서 병이 들어 죽고 말았어요. 알렉산드로스 대왕은 죽을 때에 '가장 품위 있는 사람'에게 제국을 물려주겠다고 유언했어요.

"하지만 부하들 중에 품위 있는 사람은 없었단다. 그들은 서로 왕이 되겠다고 다투다가 나라를 조각조각 내 버리고 말았지. 그 뒤로 그리스는 오랫동안 로마와 터키의 지배를 받았어. 하지만 그리스 사람들의 생각과 문명이 서양과 동양으로 멀리멀리 퍼져나갔단다. 그리스 덕분에 유럽 사람들은 신비한 동방의 나라 인도의 문명을 알게 되었고, 인도 사람들은 유럽의 소식을 듣게 되었어!"

그러니까 그 전에 유럽 사람들은 아시아에 대해 잘 몰랐다는 거예요. 아시아 사람들도 유럽에 대해 잘 알지 못했고요. 알렉산드로스 대왕이 두 대륙 사이에 다리를 놓아 준 셈이에요. 상인들이 그리스의 물건을 인도에 팔고, 인도의 물건을 그리스에 팔았어요. 인도 사람들은 그리스 영웅들의 아름다운 조각상에 반하고, 그리스 사람들은 인도의 온화한 부처님 조각상에 반했어요! 나는 둘 다 좋아요!

열째 날
큰 것을 좋아한 로마 제국

그리스 다음에 유럽에 등장하는 나라는 로마예요. 오늘은 로마에 대해 배웠어요.

"로마는 이제 나라의 이름이 아니란다. 지금은 그냥 이탈리아의 수도이고, 흰 모자를 쓴 교황이 살고 있는 도시로 유명한 정도이지. 하지만 2000년 전에는 로마 제국이라 불리던 어마어마한 나라가 있었단다. 그 나라는 잠깐 있다가 사라진 것이 아니라 무려 1000년 동안이나 유럽을 지배하고 다스렸어. 처음에 로마는 이탈리아 반도에 있는 작은 도시였어. 이곳에 살던 부족은 자기들이 전쟁의 신 마르스의 후손이라 생각했단다. 전쟁 신 마르스에게 쌍둥이 아들 로물루스와 레무스가 있었는데, 둘은 늑대의 젖을 먹고 자랐지. 로마 사람들은 로물루스가 로마를 세웠다고 믿는단다.

로마의 남자들은 강인하고 잘생기고, 여자들은 용기 있고 아름다웠지. 로마 사람들은 강직하고 철저하고 신중했어. 자부심 강하고 활력이 넘치고 난폭한 기질도 있었어. 처음에 그들은 고향에서 땅을 갈고 소박하게 살았지만 차츰차츰 영토를 넓혀 이웃의 부족들을 정복했단다. 로마의 전사들은 이탈리아 반도의 작은 언덕을 넘어 차근차근 유럽으로 진군했단다."

로마인들은 시칠리아 섬과 그리스와 북아프리카의 도시들을 정복했어요. 알프스 산맥을 넘어 지금의 프랑스와 독일 땅에 살고 있던 켈트족을 몰아냈어요. 번쩍번쩍 금속이 박힌 가죽 갑옷에 검과 방패를 들고, 로마의 전사들이 투석기를 끌면서 쿵쿵쿵 진군해 오면 다른 부족들은 제풀에 오합지졸이 되었어요.

로마의 영토는 점점 더 커지고 커졌어요. 지금의 스페인 땅과 바다 건너 영국까지, 아프리카 이집트와 사하라 사막까지, 동쪽으로 멀리 터키까지 진군하여 아시아를 넘보았어요. 제국이 어찌나 컸던지 마침내 서쪽과 동쪽에 따로따로 수도를 정하고 두 명의 황

옛날에 로마 제국이 다스린 땅이에요.
로마 병사들이 제국의 구석구석까지 돌을 놓아 만든 도로들이 지금까지 남아 있대요.

제가 나누어서 제국을 다스려야 할 정도였대요.

이제 지도를 볼 때예요! 나도 아는걸요. 선생님이 언제쯤 지도를 펼치고 꼬물꼬물 그림 속으로 나를 데려가는지. 지도를 보세요! 로마 제국은 정말로 어마어마했어요!

"로마인들은 제국에 속하지 않는 종족을 야만인이라 부르고 노예로 삼고, 로마 제국에 엄청난 세금과 곡식을 바치게 했단다. 하지만 로마가 그저 크고 강한 나라이기만 했다면 그리 대단할 것이 없지. 로마는 1000년 동안 유럽을 다스리면서 놀라운 업적을 이루었어. 인류의 유산이 될 훌륭한 법전을 만들고, 크리스트교를 국교로 받아들여 숲 속의 거친 야만 부족에게 문명을 전했단다. 유럽의 구석진 곳까지 튼튼한 돌을 놓아 도로를 만들고, 위대한 장군과 시인, 철학자와 예술가를 낳았지. 훗날 로마에는 깜짝 놀랄 만한 천재 예술가들이 많이 살았단다. 로마가 없었다면 유럽의 그 많은 박물관들은 절반이 텅텅 비었을지도 모른단다."

그 많은 예술품들과 그 많은 왕들을 생각하면 선생님은 로마가 좋기도 하고 싫기도 하다고 했어요. 그건 조금 복잡한 이야기래요. 내가 더 자라서 역사 공부를 많이 하고 세상살이에 대해 알게 되면 그때 곰곰이 생각해 보라는 거예요. 로마에 대해 생각하면 선생님은 마음이 갈팡질팡한다는 거예요. 나도 마음이 갈팡질팡해요. 역사를 공부하면서 마음이 갈팡질팡할 수도 있다니!

선생님은 로마를 다스린 황제들의 이야기를 들려주었어요. 그 이야기는 길고도 길어서 황제들의 이야기를 모아 놓은 책만으로도 수레가 가득 찰 정도라는 거예요. 로마의 황제들은 유명했어요. 지혜롭고 현명한 왕들도 있었지만 그렇지 못한 왕들이 훨씬 더 많았대요. 사납고 포악한 왕, 끔찍하게 잔인한 왕, 놀기만 좋아하는 왕, 쓸데없이 거만한 왕, 말도 못하게 사치스러운 왕, 있으나 마나 한 왕, 쓸모없는 왕, 미쳐 버린 왕, 야비한 왕……. 수많은 황제가 서쪽과 동쪽에서 로마 제국을 다스렸어요. 훌륭한 작가들이 로마 시대의 황제들에 관하여 놀라운 이야기를 썼대요. 나도 언젠가는 로마 황제들의 이야기를 읽어 보고 싶어요.

게을러진 로마인들

"로마인들은 큰 것이라면 무엇이나 좋아했단다. 가장 큰 것이 가장 좋은 것이라고 생각했거든."

로마 사람들은 세상에서 가장 큰 궁전과 신전, 세상에서 가장 큰 원형 경기장, 세상에서 가장 큰 목욕탕을 지었어요. 거대한 원형 경기장의 관람석에서는 8만 명이 한꺼번에 검투사들의 경기를 관람하고, 공중목욕탕에서는 3000명이 한꺼번에 목욕을 할 수 있었다지 뭐예요!

"로마 군대는 유럽의 서쪽 끝 스페인에서 예루살렘을 넘어 유프라테스 강까지, 유럽의 도나우 강에서 이집트의 나일 강까지 차곡차곡 돌을 놓아 세상에서 가장 길고 튼튼한 도로를 건설했단다. 이 길 위로 병사들이 행군하고, 귀족들이 노예를 거느리고 행차하고, 편지와 짐을 실은 우편 마차가 지나다녔어."

지금도 유럽 곳곳에는 2000년 전 로마 사람들이 지은 신전과 궁전, 원형 경기장과 목욕탕, 튼튼한 돌길이 남아 있대요! 이 길들로 온 세계의 진귀한 보석과 향료, 예술품, 산해진미가 로마 제국으로 쏟아져 들어왔어요.

로마의 귀족들은 음식도 많이 먹었어요! 싱싱한 바닷가재와 아스파라거스, 코르시카 산 송어, 시칠리아 산 칠성장어, 살찐 거위 간, 송로 버섯을 곁들인 수퇘지, 토끼 어깨 살, 공작, 구운 지빠귀와 산비둘기 요리……. 온갖 진귀한 요리들을 꾸엑꾸엑 먹고 또 먹었어요. 도저히 더 먹을 수 없으면 목구멍에 손가락을 집어넣어 먹은 것을 억지로 토하고 새로운 요리를 먹었어요.

너무나도 많이 먹고 많이 토한 나머지 핏기 없는 얼굴로 식탁에서 일어나면 어스름한 저녁이에요. 귀족들은 온몸에 올리브 기름을 바르고 극장에 가거나 경기를 보러 가요. 원형 경기장에서는 날마다 노예 출신 검투사들과 배고픈 사자들이 잔인하고 끔찍한 죽음의 경기를 벌여요. 황제가 경기장에 수건을 던지면 검투사들이 슬프게 외쳤어요.

'황제 폐하 만세! 오늘 죽을 자들의 인사를 받으소서!'

선생님이 크게 한숨을 쉬며 말했어요.

"머나먼 전선에서 돌아온 장군들과 병사들은 로마 거리에서 소란스럽고 바보 같은 시민들을 보았단다. 로마는 쓸모없는 황제와 게으른 신하들과 향락에 빠진 귀족들로 가득했지. 로마 시민들은 차츰차츰 약하고 쓸모 없는 사람이 되어 갔단다.

로마의 귀족과 사령관들은 서로 권력을 차지하려고 싸웠어. 부유한 시민들은 더 이상 전쟁터에 가지 않았어. 제국을 지켜 줄 군대라곤 돈을 받고 대신 싸워 주는 게르만족 용병들뿐이었지. 로마는 혼란에 빠졌단다. 도둑 떼가 들끓고, 세금과 빚과 가난에 허덕이던 농부들은 폭동을 일으켰어. 로마는 겉만 번지르르한 껍데기 제국이 되었어. 그때 머나먼 아시아의 초원에서 한 사나운 종족이

타일을 조각조각 이어 붙인 그림 속에서
검투사들과 굶주린 짐승들이 싸우고 있어요.
잔인하고 끔찍한 모습에 나는 그만 눈을 질끈 감아 버렸어요.

말을 타고 유럽으로 들이닥쳤단다!"

훈족은 맹렬한 속도로 말을 달려 뿌연 흙먼지를 일으키며 왔어요. 그들은 키가 작고 몸이 다부지고 눈매가 매서운 아시아의 유목 민족이었어요. 어찌나 무시무시한지 훈족이 한번 훑고 지나간 자리는 풀 한 포기 자라지 않는 황무지로 변해 버렸대요! 훈족 전사들은 말과 한 몸이었어요! 말 위에서 자고 말 위에서 먹고 말 위에서 회의를 하고 무시무시한 속도로 말을 타고 달리면서 활을 쏘았어요.

훈족은 원래 중국의 변두리에 살면서 중국의 국경 마을을 노략질했어요. 중국 사람들이 만리장성을 쌓고 국경을 물샐틈없이 지켰기 때문에 훈족은 서쪽으로 말을 달려 유럽으로 향해 왔어요. 상반신은 사람이고 하반신은 말처럼 보이는 괴물 군대가 흙먼지를 일으키며 무시무시한 속도로 달려오는 모습을 상상해 보세요! 유럽 사람들은 벌벌 떨었어요. 로마 제국 변두리에는 수많은 게르만 종족들이 살고 있었어요. 게르만 부족들은 사나운 훈족에게 쫓겨 물밀듯이 로마 제국으로 밀려왔어요.

"역사가들은 이것을 게르만족의 대이동이라고 부른단다. 게르만 종족은 로마 제국을 침범해 마을을 불태우고 집과 곡식을 빼앗고 논과 밭을 짓밟았어. 화려했던 로마의 도시들은 폐허로 변하고, 잘 가꾼 논과 밭이 숲으로 변했단다. 춥고 어두운 숲 속에서 거칠게 살아가던 고트족, 반달족, 프랑크족, 롬바르드족, 노르만족이 로마 제국 깊숙이 들어와 진을 치고 살게 되었어. 그들이 바로 오늘날 독일인, 프랑스인, 이탈리아인의 조상이란다!"

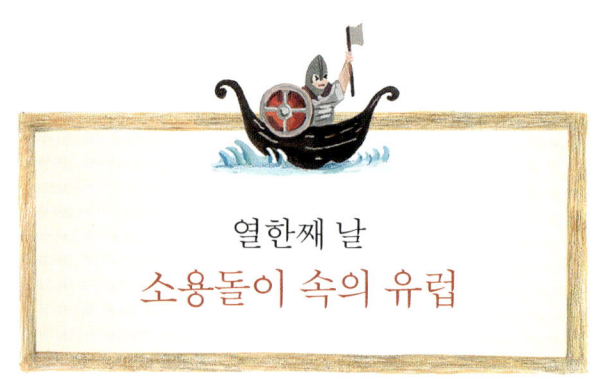

열한째 날
소용돌이 속의 유럽

 오늘은 유럽에 나라들이 생겨난 이야기를 배웠어요.
 "로마 제국이 스러지고, 제국이 다스리던 유럽의 도시들은 도로 숲으로 변하고 황무지가 되었단다. 로마의 지배 아래 간신히 농사 짓는 법을 배운 게르만 부족들이 밭과 쟁기를 버리고 도로 숲으로 들어가 사냥을 했단다. 훌륭했던 로마의 법과 제도들이 사라지고, 읽고 쓸 줄 아는 학자와 시민들, 고상하고 세련된 의식, 아름다운 예술품도 함께 사라져 버렸어.
 폐허가 된 옛 로마 제국 땅에 게르만족의 족장들이 작은 왕국들을 세웠단다. 그들은 나라를 꼼꼼하게 다스려 본 적이 없었기 때문에 로마 제국의 귀족들을 신하로 부렸어. 하지만 왕들은 공부를 하거나 글자를 배우는 걸 따분해했고, 망토를 휘날리며 싸우러 나가는 걸 더 좋아했단다. 수백 년이 흐른 뒤 게르만 족장 중에 한 위대한 왕이 나타나 끝없이 싸우는 작은 부족들을 모아 큰 나라를 세웠어. 유럽 사람들이 지금도 '대제'라고 부르며 존경하는 **샤를마뉴 대왕**이란다. 샤를마뉴는 서기 800년에 지금의 프랑스와 독일, 이탈리아, 네덜란드, 스위스, 오스트리아, 헝가리 땅을 대부분 정복하고 커다란 **프랑크 왕국**을 세웠단다."

붉은 머리 샤를마뉴 대왕은 훌륭한 왕이었어요. 로마어와 그리스어를 할 줄 알았고 글자도 읽을 줄 알았어요! 하지만 글자를 쓰는 법을 익히는 것은 아주 어려워했대요.

샤를마뉴 대왕의 소문은 저 멀리 바그다드 궁전까지 퍼졌어요. 아라비아의 왕이 보석과 아름다운 옷들, 진귀한 향료, 코끼리 한 마리를 샤를마뉴 대왕에게 선물했어요. 샤를마뉴는 나라를 잘 다스렸다고 전해지지만, 샤를마뉴 대왕이 죽자 프랑크 왕국은 다시 쪼개지고 말았어요.

"유럽은 오랫동안 작은 왕국들로 나뉘어 서로 끝도 없이 싸웠어. 왕과 왕끼리, 도시와 도시끼리, 왕과 부유한 도시의 시민들이 서로 반대편이 되어 싸웠단다."

선생님은 나라들이 생겨나기 전, 유럽 곳곳에는 커다란 도시들이 많았다고 했어요. 나라보다 도시들이 더 유명했어요. 그곳의 진정한 주인은 먼 곳에 있는 왕이 아니라 자유로운 시민들이었대요.

　"밀라노, 파리, 피렌체, 베네치아같이 커다란 도시에서 상인과 재단사, 구두장이, 직물공, 제빵사, 대장장이, 목수와 석공, 화가와 조각가가 바쁘게 일했단다."

　도시에는 훌륭한 시민, 수도사, 시인, 학자와 예술가 들이 살았고, 귀족들과 부유한 상인들이 예술가들에게 일거리를 주었어요. 도시들이 서로 앞다퉈 위대한 예술가를 부르고 궁전과 교회와 저택을 아름답게 꾸미려고 경쟁했어요. 유명한 도시마다 대학들이 있었고 온 유럽에서 학생들이 몰려왔어요.

　유럽 사람들은 힘을 합쳐 나라를 세우기보다 자기가 속한 작은 도시를 더 사랑하고 자랑스러워했어요. 이를테면 피렌체 시민이나 베네치아 시민이라면 자기들이 피렌체 사람이나 베네치아 사람이 아니라 그냥 이탈리아 사람이라고 불리는 게 못마땅하다는 거예요. 오랫동안 로마의 부와 권력과 예술에 푹 빠져 살아온 이탈리아 사람들은 오랜 옛날부터 자기 도시에 대한 자부심이 대단

1500년대 유럽에서는 아름다운 예술 작품이 많이 탄생했어요.
미켈란젤로는 성당 벽에 이런 엄청난 그림을 그렸어요. 심지어 천장에도요!
으악, 목이 너무 아팠을 것 같아요!

했어요. 도시가 나라보다 더 부유하고 세련되고 아름답고 역사가 오래되었기 때문이래요.

"하지만 차츰차츰 유럽의 도시들도 강력한 왕들 아래 모여 크고 작은 나라들을 이루게 되었단다. 영국, 프랑스, 스페인, 포르투갈, 독일, 이탈리아……. 유럽에 수많은 나라들이 생겨났어. 하지만 왕들은 먼 옛날의 샤를마뉴 대왕처럼 다시금 유럽을 혼자서 통째로 다스리고 싶어 했어. 1800년대에 마지막으로 프랑스의 나폴레옹이 샤를마뉴 대왕처럼 되고 싶어서 유럽을 정복하러 여러 나라로 쳐들어갔단다."

'큰 전쟁'보다 더 큰 전쟁

"그것이 마지막인 줄 알았는데, 그렇지 않았어. 그 뒤에도 유럽은 이웃 나라로 더 먼 나라로 가서 끝없이 전쟁을 벌였어.

지금 유럽은 평화로워 보이지만 옛날에는 엄청나게 싸웠단다. 왕과 왕들, 왕이 거느린 영주와 기사들, 왕과 부유한 도시의 시민들, 도시와 도시들이 끊임없이 전쟁을 벌였어. 십자군 전쟁, 백년 전쟁, 장미 전쟁, 종교 전쟁, 나폴레옹 전쟁……. 이름도 이유도 괴상한 전쟁들이 수없이 많았지."

유럽은 부유하고 살기도 좋은데 왜 그렇게 전쟁을 많이 했을까요?

우리 할머니와 증조할머니가 살았던 시대에도 유럽은 전쟁을 했대요. 1900년대에 유럽은 두 번이나 전쟁을 일으켰어요. 첫 번째는 1914년에 프랑스, 영국, 벨기에, 이탈리아, 러시아가 한편이 되어 독일, 오스트리아, 헝가리와 싸워서 이겼어요. 아프리카와 아메리카 대륙에서 서로 더 많은 식민지를 차지하려고요.

1500만 명이 이 전쟁으로 목숨을 잃었어요. 그래서 사람들이 '큰 전쟁'이라고 '대전'이라 불렀어요. 인류의 역사에서 그보다 더 큰 전쟁은 없었기 때문이에요. 그런데 겨우 20년 뒤에 큰 전쟁보다 더 큰 전쟁이 일어나고 말았어요. 먼젓번 전쟁에서 패한 독일이 다시 전쟁을 일으킨 거예요.

악명 높은 **히틀러**가 오스트리아와 체코슬로바키아를 빼앗고 폴란드를 침략했어요. 히틀러는 유럽에 거대한 독일 제국을 세우고 싶어 했어요. 그 옛날 샤를마뉴 대왕이나 나폴레옹처럼 혼자서 유럽 제국을 다스리는 위대한 황제가 되고 싶었던 거예요. 하지만 다른 나라들이 가만히 있을 리 없지요.

"두 번째 전쟁이 끝났을 때, 전 세계에서 군인 1400만 명이 죽고 보통 사람들은 3600만 명이 넘게 죽었단다. 인류의 역사에서 가장 많은 사람이 죽고 가장 많은 나라와 도시가 파괴된 끔찍한 전쟁이었어."

'큰 전쟁'보다 더 큰 전쟁을 도대체 무엇이라 불러야 할까요? 사람들은 첫 번째 큰 전쟁을 제1차 세계 대전, 그 뒤에 일어난 더 큰 전쟁을 제2차 세계 대전이라고 불러요.

"첫 번째도, 두 번째도 다 유럽 사람들이 일으킨 전쟁인데, 왜 세계 대전이라고 부르는 거예요?"

"그건 유럽 사람들이 아프리카와 아시아, 아메리카 대륙을 자기들 마음대로 나누어 차지하고, 식민지에서 군인들을 모아 전쟁터로 보냈기 때문이란다. 프랑스의 지배를 받는 아프리카 사람들이 영국의 지배를 받는 인도 사람과 낯선 곳에서 이유 없이 총칼을 겨누고 싸워야만 했어."

유럽 사람이 아니면서도 아프리카 사람, 아시아 사람이 유럽을 위해 싸워야 했다니!

아시아에서 식민지를 나눠 갖기 위해 일본과 미국, 러시아도 이 전쟁에 뛰어들었어요. 온 세계가 전쟁의 불길에 휩싸이게 된 거예요. 큰 나라들이 작은 나라들을 차지하고 편들고 마음대로 갈라놓았기 때문에, 세계 대전이 끝난 뒤에도 아프리카와 아시아 곳곳에서 전쟁이 끊이지 않았어요. 1900년부터 1995년까지 지구에서 전쟁으로 죽은 사람이 1억 7000만 명이라는 거예요! 수메르 시대라면 지구 전체 인구에 맞먹는 숫자예요.

그래도 인류는 또다시 전쟁을 일으킬까요?

오늘은 기분이 별로예요. 사람들이 그렇게나 많이 전쟁을 하고 그렇게나 많이 죽었다니 말이에요.

4부
아메리카

열두째 날
아메리카인의 조상

오늘은 염소와 같이 도서관에 갔어요. 염소는 책장 사이를 돌아다니게 놔두고 선생님은 지구본을 핑그르르 돌렸어요.

"이제 유럽을 떠나야겠는걸. 음……. 대서양을 건너가 볼까?"

대서양을 건너려면 유럽 서쪽에 툭 튀어나와 있는 주먹 모양 반도에서 출발하는 게 좋을 것 같아요. 스페인에서 서쪽으로 서쪽으로 죽죽 가면 아메리카 대륙이 나와요.

"아메리카는 지구에서 가장 크고 가장 기다란 대륙이란다."

나는 아메리카 대륙이 북극해에서 남극 대륙 코앞까지 뻗어 있는 걸 보았어요. 대륙이 하도 길어서 산맥도 긴가 봐요. 아메리카

세계에서 가장 넓은 태평양과 대서양 바다 사이에 아메리카 대륙이 있어요.
아메리카 대륙은 북극에서 남극까지 뻗어 있고
서쪽 해안을 따라 기다랗게 산맥이 이어져 있어요.

대륙 서쪽 해안을 따라 산맥이 늘어서 있는데, 산맥들을 한 줄로 이으면 거의 지구 반 바퀴만큼 된다는 거예요.

아메리카 대륙은 위풍당당하게 보였어요. 하지만 외롭고 키가 큰 거인 같기도 했지요. 유럽은 아시아 대륙과 붙어 있고 아시아도 아프리카 대륙과 이어져 있는데 아메리카 대륙은 바다 한가운데 저 혼자 뚝 떨어져 있어요.

선생님은 아메리카 대륙에 놀랍고 어이없고 슬픈 일들이 일어났는데, 어쩌면 이렇게 다른 대륙과 떨어져 있었기 때문인지도 모른다고 했어요.

도대체 무슨 일이 일어난 걸까요? 나는 선생님을 올려다보았지만 선생님은 차츰 알게 될 거라면서 지도를 찬찬히 보자고 하셨어요.

처음 봤을 땐 아메리카는 그저 크고 넓은 줄만 알았어요. 그런데 북쪽의 아메리카와 남쪽의 아메리카가 그럴 뿐이고, 가운데 허리는 힘센 거인이 위아래로 잡고 늘인 것처럼 가늘고 아슬아슬하게 보였어요. 북아메리카와 남아메리카 대륙이 파나마에서 간당간당 이어져 있었지요.

"이곳이 얼마나 가느다란지 파나마에서 가장 높은 산 정상에

오르면 오른쪽으로 대서양을, 왼쪽으로 태평양을 볼 수 있단다."

우아, 정말 그렇다면 멋진 광경일 것 같아요. 고개를 돌리기만 하면 지구에서 가장 넓은 두 바다를 한꺼번에 볼 수 있다니, 웅장할까요? 어지러울까요? 심장이 둥둥 뛰는 기분일까요? 파나마를 보고 있으니까 정말 손톱으로 지도를 꾹 눌러서 태평양과 대서양을 이어 주고 싶은 생각이 들지 뭐예요. 아마 상인들과 정치가들도 나와 똑같은 생각을 했나 봐요. 파나마를 가로질러 정말로 뱃길이 열리게 되었으니까요. 사람들은 1914년에 대서양에서 태평양으로 곧장 갈 수 있도록 운하를 뚫었고 배와 물고기가 대서양과 태평양을 편히 오갈 수 있게 되었대요.

"지도를 보렴. 콜롬비아의 바랑키야 항구에서 코스타리카의 산호세 항구까지 배를 타고 간다고 해 봐. 운하가 없다면 얼마나 먼 거리를 빙빙 돌아야 되겠니?"

바랑키야에서 산호세까지 지도에서는 1센티미터도 안 되게 보이는데, 배를 타고 가려면 정말 일 년이라도 걸릴 것처럼 보였어요.

간당간당 가느다란 중앙아메리카에는 작은 나라들이 옹기종기 모여 있어요. 과테말라, 온두라스, 엘살바도르, 니카라과, 코스타

아메리카 대륙에 어떤 나라들이 있는지 소리 내어 읽어 보세요.

리카, 파나마가 있고 카리브 해 건너편에 쿠바와 자메이카, 아이티, 도미니카 공화국이 있어요. 그 너머에도 작은 섬나라들이 있어요. 선생님은 이 섬나라의 이름을 아는 사람은 지구에 얼마 되지 않을 거래요. 세인트키츠 네비스, 앤티가 바부다, 세인트루시아, 세인트빈센트 그레나딘, 바베이도스, 트리니다드 토바고, 어휴! 한 번도 들어 보지 못한 이름이고 발음도 어려워서 혀가 어떻게 굴러가는지 모르겠어요.

중앙아메리카의 위쪽과 아래쪽은 땅덩어리가 넓고 나라도 많지 않아요. 북아메리카에는 캐나다, 미국, 멕시코가 있어요. 나라가 세 개밖에 없으니 국경선을 따라 그리기도 쉬울 거예요. 남아메리카에는 브라질, 베네수엘라, 콜롬비아, 에콰도르, 페루, 볼리비아, 파라과이, 우루과이, 아르헨티나가 있고, 세상에서 가장 기다란 나라 칠레가 있어요.

거대한 아메리카 대륙에 나라들이 많지 않고 국경선이 매끄러운 건 이 나라들이 생겨난 지 그렇게 오래되지 않았다는 뜻이래요. 그리고 누군가가 억지로 국경선을 그어 놓았다는 뜻이고요!

아메리카 대륙은 어떤 곳일까요? 거기에는 어떤 사람들이 살까요? 언제부터 나라들이 생기고 사람들이 살게 되었을까요?

걸어서 아메리카로 간 원시인들

오랫동안 아메리카 대륙에는 아무도 살지 않았어요! 선생님은 아메리카가 오랫동안 텅 비어 있었다고 했어요. 아메리카 대륙은 지구에서 가장 넓은 대륙인데도 그렇다는 거예요. 원시인들이 세계 곳곳에서 벽화를 남기고 옷을 지어 입고 집을 짓고 사냥하고 돌도끼와 화살을 만들 때에도 아메리카에는 아무도 살지 않았어요. 나무늘보, 긴팔원숭이, 아르마딜로, 개미핥기, 들소, 퓨마, 재규어, 코요테, 곰, 앵무새, 커다란 육식 돼지 들이 살고 있었지만 사람은 없었어요. 아메리카는 인류가 마지막으로 들어가 살게 된 땅이래요. 지금부터 겨우 1만 5000년 전에야 아메리카 대륙에 사람이 살게 되었어요.

"그때는 누구나 걸어 다녔단다. 걷고 걷고 또 걷다가 좋은 곳이 나타나면 멈추어 살았지. 그러다가 모험심 많은 족장이 어느 날 갑자기 자리를 박차고 일어나 식구들을 데리고 떠나는 거야! 원시인들은 집과 먹을 것을 찾아서 오랫동안 떠돌아다녔어. 아프리카에서 출발한 원시인들은 그렇게 걷고 걸어서 아시아 동쪽 끝에 도착했지. 그리고 어느 날 아시아에서 아메리카로 원시인들이 걸어갔단다!"

"걸어갔다고요? 아시아 대륙과 아메리카 대륙 사이에는 넓고 넓은 바다가 있잖아요. 그렇게 넓은 바다를 어떻게 건너가요?"

"그래도 분명히 걸어서 갔단다! 어디로 갔을까? 지도에서 그 비밀을 찾아보렴."

지도에 비밀이 있다고요? 나는 지구본을 빙빙 돌렸어요. 지도를 그냥 볼 때는 보이지 않았는데, 아시아 대륙의 동쪽 끝과 아메리카 대륙의 북쪽이 거의 맞닿아 있어요! 만약에 원시인이 걸어서 갔다면 여기가 아메리카 대륙과 제일 가까워요!

"그래, 맞았다. 아시아 대륙이 끝나는 곳에 베링 해라고 부르는 좁은 바다가 있지. 하지만 과학자들도 인류학자들도 처음에는 생각도 하지 못했단다. 지도에서 보면 좁다란 바다이지만, 실제로는 어마어마하게 깊고 넓은 바다인걸. 조잡한 통나무배를 타고 둥둥 떠내려 갈 수는 있겠지만 그런 배로는 넓고 사나운 바다를 건널 수 없지. 그건 오랫동안 수수께끼였는데, 인류학자와 고고학자, 지질학자와 기후학자 들이 다 같이 머리를 맞대고 연구해서 마침내 먼 옛날에 일어났을 법한 일을 추측하게 되었어."

그러니까 학자들이 먼 옛날에 빙하기가 있었다는 것을 알아냈대요. 그때에는 북극과 남극의 빙하가 지금보다 훨씬 넓고 두껍

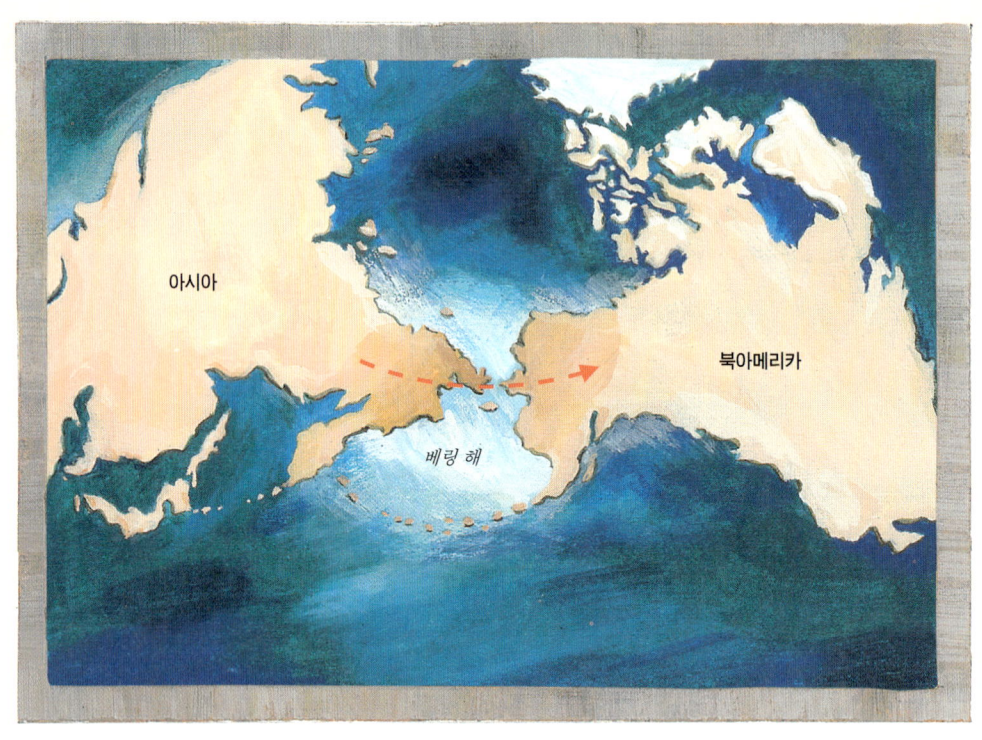

아시아 대륙과 아메리카 대륙의 위쪽 끄트머리는 아주 가까워요.
석기 시대에 아시아의 어느 부족이 여기를 통해 아메리카 대륙으로 건너갔어요.

고 바닷물의 높이가 지금보다 훨씬 낮았어요. 그래서 바다 밑바닥이 땅으로 드러나기도 했어요. 베링 해가 바로 그런 곳이래요. 1만 5000년쯤 전에, 어쩌면 그보다 더 전에 아시아 북쪽에 살던 원시인 부족이 뭍으로 드러난 베링 해를 밟고서 시베리아 끝에서 알래스카로 걸어갔다는 거예요!

나는 먼 옛날의 그 원시인 부족을 상상해 봐요. 나는 부족의 족장이고요. 아무도 가 보지 않은 넓고 넓은 대륙에 들어가서 처음으로 지평선을 바라보는 기분이란! 그건 아마도 내가 지구의 부족을 이끌고 화성으로 이사 가는 것과 비슷할 거예요! 인류 최초로 화성에 가서 모래사막에 천막을 치는 거예요. 저 멀리 화성의 지평선으로 떠오르는 태양을 바라보면서요. 이제부터 내가 화성의 로빈슨 크루소가 되어서 화성에 나의 종족을 퍼뜨리는 거예요!

아메리카의 주인 인디언

"오래전에 아시아의 어느 부족이 걸어서 처음으로 북아메리카 대륙으로 건너갔단다. 먼저 온 종족은 나중에 온 종족에 밀려서 점점 더 아래로 내려갔어. 먼저 온 부족들도 나중에 온 부족들도 자손을 낳고 낳고 또 낳았지. 수천 년이 지났을 때 중앙아메리카와 남아메리카 대륙 끝까지 사람들이 살게 되었어. 그들이 아메리카 대륙의 맨 처음 주인이란다."

그 사람들은 어디로 갔을까요? 지금도 아메리카 대륙에 살고 있을까요?

"그들의 후예가 바로 인디언이란다!"

아하, 인디언! 나도 알아요. 검고 긴 머리에 검은 눈, 그리고 아름답고 재미있는 이름들을 서로 부르는 사람들이죠. 세상에는 마이클, 찰스, 안토니우스, 미숙 씨, 장쩌민, 짜짜코프스키 같은 이름도 있지만 인디언의 이름은 특별해요. '세상의 네 귀퉁이' 아줌마, '점박이 조랑말 많이 길러' 할아버지, '작은 조약돌'과 '졸리운 눈', '잔치 여는 자', '성스러운 구름' 언니, '나 대신 슬픔을 지고 가는 친구', '뱀처럼 지혜로운 자', '빨간 윗도리' 추장 하고 부른다잖아요. 내가 인디언 아이라면 어떤 이름을 갖게 되었을까요? 뚱뚱하고 친절하고 박학다식한 우리 선생님은 어떤 이름으로 불릴까요?

선생님은 인디언의 얼굴 사진이 가득 들어 있는 커다란 종이를 선물로 주셨어요. 눈, 코, 입, 피부색, 머리 색깔……. 인디언들은

인디언이 나를 보고 있어요!
할아버지는 위엄 있고, 아가씨는 신비스럽고,
추장 아저씨는 고집 있게 보이고,
여자아이는 나와 닮았어요.

아시아 사람들과 정말 비슷하게 생겼어요! 아시아에서 건너간 사람들의 후손이 인디언이 되었다는 이야기가 단박에 믿어지지 뭐예요.

"아시아 인류와 아메리카 인류는 오랫동안 헤어져 살았단다. 그들은 두 번 다시 만나지 못했어."

"왜요?"

"아시아의 원시인 부족이 마지막으로 아메리카 대륙으로 건너간 뒤에 지구의 빙하기가 끝나 버렸단다. 북쪽 바다에 꽁꽁 얼어 있던 거대한 빙하가 녹고 바닷물은 점점 더 높아졌지. 두 대륙 사이에는 깊고 차디찬 바다가 가로놓였단다! 아시아의 인류는 바다 건너에 또 다른 대륙이 있다는 것을 알지 못했고, 인디언들도 자신들이 떠나온 땅과 조상을 잊어버렸어."

아시아 사람들과 아메리카 사람들은 그렇게 영영 헤어져서 살았대요. 바다 건너편에 대륙이 있고 그곳에 사람들이 살고 있다는 건 상상도 못 하고요. 석기 시대를 지나고 청동기 시대를 지나고, 500년 전까지도 말이에요! 아프리카와 유럽, 아라비아와 인도, 중국 사람들이 바다를 항해하고 사막을 횡단하며 서로서로 다른 나라를 찾아가고 장사를 하고 싸우기도 했는데, 바다 건너에 아무도 모르는 대륙이 있고 거기에도 사람들이 살고 있다고는 누구도 상상하지 못했어요.

"오래전에 인디언들은 아메리카 대륙의 초원과 숲, 정글, 바닷가와 높은 산, 고원에 작은 왕국을 세우고 살았단다. 인구는 그리 많지 않았어. 겨우 1000만 명 정도가 크고 기다란 대륙 전체에 흩어져 살았어.

하지만 유난히 사람들이 많이 모여 살던 곳이 있었는데, 바로 중앙아메리카의 멕시코와 페루란다. 인디언들은 높은 산 위에 돌로 된 어마어마한 궁전을 짓고 신전과 도시를 세우고 여러 부족을 다스렸어. 멕시코의 **마야 왕국**과 **아즈텍 제국**, 페루의 **잉카 제국**은 아메리카 대륙에서 가장 크고 부유하고 힘이 셌던 왕국이란다."

선생님은 선반에서 크고 무거운 책을 꺼내 와 인디언이 남긴 유적과 유물 사진을 보여 주었어요. 어디에서도 본 적 없는 기이한 그림과 조각상이 웃기기도 하고 무시무시하기도 했어요. 나는 마야 문자가 마음에 들었어요. 마야 문자는 정말 재미있게 생겼어요. 꼴뚜기 모양도 있고 선풍기 모양, 아메바 모양도 있지 뭐예요. 선생님이 마야 문자가 쓰인 조각 하나를 풀이해 주었어요.

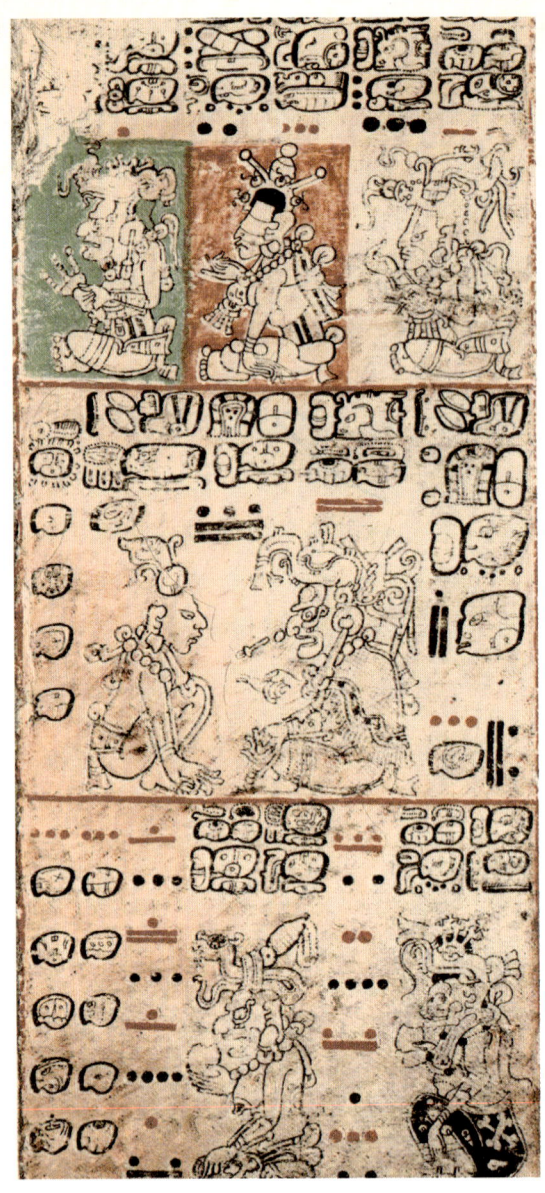

마야 문자는 정말 웃기게 생겼어요.
막대기와 점들은 숫자예요.

"서기 765년 3월 4일 팔렌케의 나우알에서 왕좌에 오르신 키니치 쿡 발람 2세께서는 아홉 마닉 날에 대관식을 거행하셨다. 신성한 팔렌케의 군주께서는 훌륭한 축구 선수이시고 잘생기시고 어지시고……."

나는 웃음을 터뜨렸어요. 하지만 선생님은 웃지 않았어요. 그 다음 이야기를 생각하면 웃을 수 없다고요.

"아메리카 사람들은 한 번도 다른 세계의 사람들을 본 적이 없었단다. 아프리카 사람도, 유럽 사람도, 아시아 사람도! 그런데 지금부터 500여 년 전 어느 날, 두 세계의 종족이 처음으로 딱 마주치게 되는 일이 일어났어.

아메리카 원주민들은 푸른 물결이 넘실대는 카리브 해의 바닷가에서 얼굴이 창백하고 수염과 털이 많이 난 기이한 종족을 보았어. 그들은 알 수 없는 곳에서 배를 타고 왔는데, 인디언들은 그들이 하늘에서 온 사람이라고 생각했단다. 그날은 세계의 역사에서 아주 중요한 날이었지만 처음에는 아무도 그것을 몰랐단다.

인디언 종족이 만난 사람들이 누구였을까? 내일은 그 이야기를 하도록 하자."

열셋째 날
아메리카 대륙을 빼앗은 유럽

　다음 날 아침 일찍 나는 도서관으로 뛰어갔어요. 하늘에서 온 사람들 이야기가 정말정말 궁금하거든요. 나는 선생님을 보자마자 숨이 턱에 차서 물었어요.

　"정말 하늘에서 사람들이 내려왔나요?"

　"글쎄다. 그건 아주 긴 이야기란다. 그러려면 이 사람 이야기부터 해야 하거든."

　선생님은 그 사람이 역사에서 가장 유명한 사나이 중 한 명이라고 했어요. 1400년대가 끝나갈 무렵, 유럽의 어느 나라에 터무니없이 용감하고 끈질기고 고집 센 사나이가 한 명 살았어요. 그 사람은 지도를 파는 떠돌이 봇짐장수였는데, 이름이 크리스토퍼 콜럼버스였대요. 콜럼버스는 지구에 관한 옛날 책들을 읽다가 원대한 꿈을 가지게 되었어요. 그 오래되고 신비한 책에는 지구가 둥글다고 씌어 있었어요! 콜롬버스는 그 말을 믿었어요.

"남들은 어리석은 꿈이라고 비웃었지만 콜럼버스는 머나먼 바다로 나갈 날만을 꿈꾸었어. 사람들이 지구가 네모나다고 생각할 때 그 사람은 지구가 둥글다고 믿고 유럽에서 배를 타고 서쪽으로 갔단다.

지구본을 보렴. 유럽 대륙에서 서쪽으로 바다를 가로질러 항해하면 어디가 나올까?"

"유럽에서 서쪽으로 가면…… 음……."

나는 지도를 보면서 말했어요.

"당연히 아메리카 대륙이죠."

"하지만 잊지 말아라. 이 사람이 여행할 땐 지구에 그런 대륙이 있다고는 아무도 상상도 하지 못했다는 것을 말이야. 콜럼버스는 아메리카 대륙을 발견하려고 서쪽으로 간 것이 아니었어. 콜럼버스는 인도로 가려고 했단다! 콜럼버스는 유럽에서 대서양을 건너면 곧바로 인도나 중국이 나올 것이라고 믿었어.

콜럼버스는 황금과 보석, 진주와 향료를 찾아서 인도와 중국으로 가려 했단다. 그때는 인도와 중국이 세상에서 가장 부유한 나라였거든. 유럽의 장사꾼들은 인도와 중국에서만 나는 갓가지 귀한 물건을 가져다가 귀족들에게 비싼 값으로 되팔아 부자가 되었어. 유럽에서 인도로 가려면 동쪽으로 머나먼 사막을 지나거나 아프리카 동쪽 해안을 따라 뱃길로 가야 했는데, 그때는 아라비아 상인들이 중간에서 길목을 가로막고 있었단다."

콜럼버스는 인도와 중국으로 가는 또 다른 길을 찾으려고 했어요. 아무도 모르는 서쪽 바다로 항해해서 인도와 중국의 항구에 제일 처음으로 닻을 내리는 용감한 선장이 되고, 그다음에는 저절로 백만장자가 되는 거예요! 지구가 둥글기만 하다면 콜럼버스는 자신의 꿈을 이룰 수 있을 있다고 굳게 굳게 믿었어요.

"하지만 콜럼버스의 배가 틀림없이 바다 절벽으로 떨어질 거라고 걱정하는 선원들도 많았어. 돌아가야 한다고 반란을 일으키는 선원들도 있었고. 식량은 다 떨어지고 가도 가도 육지는 나타나지 않고……. 어쩌면 정말로 지옥으로 떨어지는 바다 절벽이 나타날지도 모르는 일이었지."

내가 그 배에 타고 있었다면 좋았을 거예요. '겁쟁이들아, 걱정

마라! 우리 배는 반드시 육지에 닻을 내린다!' 하고 소리쳤을 텐데 말이에요. 이건 허풍이고요. 난 겁이 나서 벌벌 떨었을 거예요. 지구가 정말로 네모나다면 어떡하지? 나는 그렇게 빨리 죽고 싶지 않다고요! 그런데 선생님은 그 배에 타고 있었던 것도 아니면서 그런 일들을 어떻게 다 아는 걸까요?

"그건 말이다, 콜럼버스가 배를 타고 가면서 고생고생한 이야기를 일기에 잘 적어 놓았기 때문이야."

1492년 10월 어느 날, 콜럼버스는 마침내 육지를 보았어요! 콜럼버스는 죽을 때까지 자기가 도착한 곳이 인도라고 믿었대요. 하지만 그곳은 인도가 아니었고, 중앙아메리카의 어느 섬이었어요.

선생님은 지도에서 남아메리카와 북아메리카가 만나는 잘록한 허리 부분에서 한 섬을 가리켰어요. 바로 카리브해의 바하마 군도예요!

그곳에서 콜럼버스는 피부가 검지도 않고 희지도 않고, 키가 크고 건장하고 잘생긴 낯선 종족을 만났어요. 콜럼버스는 철석같이 인도에 도착했다고 믿었기 때문에 그 사람들을 인디언이라고 불렀어요. 콜럼버스의 실수로 아메리카 원주민은 지금까지 그렇게 불리게 되었대요.

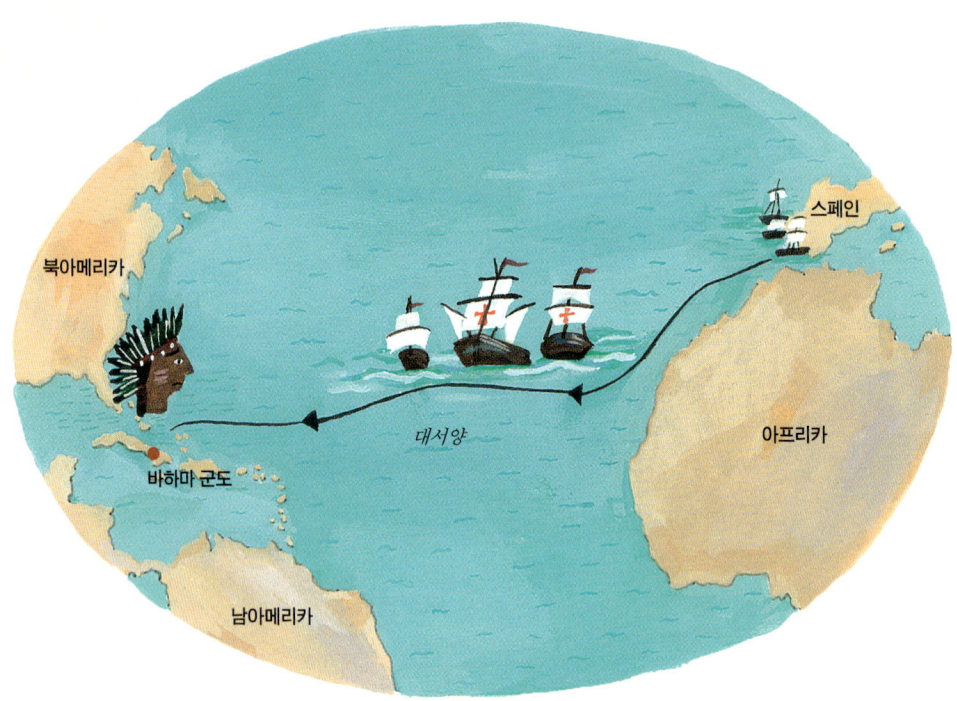

1492년 8월 3일, 콜럼버스는 배를 타고 인도로 가기 위해
스페인의 팔로스 항구를 출발했어요.
그런데 아메리카 대륙의 동쪽 바하마 군도에 도착했어요.

"그다음에 아메리카 대륙에서 일어난 일은 아주 슬픈 이야기로 끝이 난단다. 과연 콜럼버스가 아메리카 대륙을 발견한 것이 인류에게 좋은 일이었을까 나쁜 일이었을까를 의심하게 만들 만큼 고약한 일이 벌어졌기 때문이야."

얼굴 흰 거짓말쟁이들

콜럼버스가 새로운 대륙을 발견했다는 소식이 온 유럽으로 퍼졌어요. 그때에 만약 텔레비전과 인터넷이 있었다면 우리 섬에서도 그 이야기를 들었을 거예요. 하지만 그때는 입에서 입으로, 사람이 직접 전해 주는 편지로만 소문이 전해지던 시대였어요. 유럽에서 멀리 떨어져 있는 나라들은 몰랐지만 유럽의 뱃사람들과 궁전들에는 이 소식이 빠르게 퍼져 나갔어요.

콜럼버스의 뒤를 따라 유럽의 탐험가들이 속속 아메리카로 향했어요. 모험가와 사냥꾼, 신부님과 상인, 도둑, 죄수, 모리배와 군인들이 무더기로 아메리카 대륙으로 건너왔어요.

인디언은 영문도 모른 채 낯선 종족을 맞았어요. 하얀 얼굴에 푸른 눈, 덥수룩한 수염을 기르고 말과 함께 배에서 내리는 유럽 사람을 보고 인디언들은 하늘에서 내려온 종족이라고 생각했어요. 그때까지 인디언은 한 번도 말을 본 적이 없었거든요. 유럽인들이 배에 싣고 온 총과 대포도 본 적이 없었지요.

유럽인과 아메리카인은 서로가 서로를 신기하게 바라보았어요. 인디언은 유럽 사람들에게 친절하게 대했어요. 오랜 항해와 폭풍우에 시달려 부서진 배가 바닷가에 나타나면, 인디언은 고기와 우유와 과일을 주고 오두막에서 병을 치료해 주었어요. 유럽 사람들은 인디언들에게 구슬과 단추, 쇠로 된 주전자를 주었어요. 인디언들은 그 선물을 아주 좋아했고 답례로 아름다운 조개와 깃털을 선물로 주었어요. 하지만 유럽 사람들은 인디언의 선물을 하찮게 여겼어요. 인디언들이 코에 매달고 있는 황금에만 눈이 휘둥그레졌거든요.

인디언들은 얼굴 하얀 사람들이 왜 그렇게 황금을 좋아하는지 이해할 수 없었어요. 인디언들은 황금을 몸을 치장하는 장신구로 쓸 뿐이었는데, 유럽 사람들은 황금을 아무리 많이 주어도 더 갖고 싶어 했어요. 혹시 하늘에서 온 사람들은 황금을 먹기라도 하는지 궁금해하자 한 탐험가는 무척이나 근심 어린 얼굴로 말했어요.

"그렇소. 나와 내 부하들은 지금 심장병을 앓고 있소. 오직 금으로밖에는 치료할 수 없는 마음의 병이라오."

"당신들은 정말 금을 먹나요?"

"물론이오!"

인디언들은 황금이라면 얼마든지 있다면서 황금 옷을 입고 다니는 추장의 이야기를 들려주었어요. 자기네 나라 추장은 옷 대신 온몸에 황금을 바르고 다니는데, 해마다 종교 의식을 치를 때 호수에 가서 몸을 씻는다고 했어요. 자기네 나라는 아주 오래되었고, 추장들이 수백 년 동안 그렇게 했으니 호수 밑바닥에는 황금이 얼마나 많겠느냐고요! 유럽 사람들이 '황금 호수'가 어디 있느냐고 묻자 인디언들은 서쪽을 가리켰어요.

탐험가들은 황금을 찾아 대륙 깊숙이 들어갔어요. 원정대를 이끌고 오지로, 점점 더 오지로 황금을 찾아 헤맸어요. 밀림에서 길을 잃고 굶주려 죽기도 했지만 멈추지 않았어요. 유럽 사람들은 가는 곳마다 인디언 마을에서 황금을 빼앗았어요. 황금을 다 뺏고 나면 마을을 통째로 불 지르고 또 다른 마을로 갔어요. 원하는 만큼 황금을 얻지 못하면 식량을 모두 빼앗고 인디언을 포로로 잡아서 끌고 다녔어요.

마침내 인디언들은 깨달았어요. 얼굴 하얀 사람들이 하늘에서

몬테수마는 무릎을 꿇고 충성을 맹세하고 황금을 내어 주면
다시 이 무시무시한 사람들이 나타나지 않을 거라고 믿었어요.
하지만 유럽 사람들은 약속을 지키지 않았어요.

내려오지 않았다는 것을 말이에요. 그들은 그저 욕심 많고 못생기고 남을 속이고 몸에서는 지독한 냄새가 나는 지저분한 이방인일 뿐이었어요. 유럽 사람들은 목욕을 하지 않기로 유명했어요.

"아즈텍의 왕 몬테수마는 유럽인들과 더 이상 싸우는 것이 쓸데없는 일이라 생각하고 자유와 목숨을 잃는 것보다 보물을 주고 항복하기로 결정했단다."

왕은 쇠사슬에 묶인 채 무릎을 꿇고 스페인 왕에게 충성하기로 맹세했어요. 의식이 치러지는 내내 몬테수마는 눈물을 뚝뚝 흘렸어요. 아즈텍의 보물들은 눈이 부셨어요. 그건 신에게 제사를 드릴 때 쓰이던 장신구들이었는데, 섬세한 무늬가 새겨진 황금 목걸이, 황금 팔찌와 지팡이, 화려한 색깔 깃털로 장식된 부채, 보석과 진주가 산더미를 이루었어요. 세계의 그 어떤 왕들도 그렇게 아름다운 보물을 갖지는 못했을 거예요. 정복자들은 몬테수마의 보물들을 모두 녹여 금괴로 만들어 버렸어요!

몬테수마는 무릎을 꿇고 충성을 맹세하고 황금을 내주면 다시 이 무시무시한 사람들이 나타나지 않을 거라고 믿었어요. 하지만 유럽 사람들은 약속을 지키지 않았어요. 정복자들은 배가 가라앉을 만큼 무거운 금괴 더미를 자기네 나라로 실어 보낸 다음, 이 나라에 얼마나 많은 황금과 은과 노예들이 있는지 왕에게 편지를 써서 보냈어요. 더 많은 병사들과 더 많은 무기를 싣고 배들이 아메리카 대륙의 해안에 도착했어요.

인디언들은 투석기와 올가미, 활과 창으로 용감하게 맞서 싸웠어요. 유럽 사람들은 대포를 쏘았어요. 인디언들은 불을 뿜어내는 총이 순식간에 언덕을 사라지게 만들고 나무와 집을 산산조각 내는 것을 멍하니 바라보아야 했어요.

하지만 대포와 총보다도 더 무시무시한 것이 인디언 마을을 덮쳤어요. 유럽 사람들이 지나간 마을마다 인디언이 끔찍한 질병에 걸려 죽어 갔어요. 천막에서 천막으로, 마을에서 마을로 순식간에 병이 번졌어요. 열이 펄펄 끓어오르고 구토를 일으키고 온몸에서 진물이 흘러나오고……. 오두막에 시체들이 쌓여 갔어요. 싸우다가 죽은 인디언 전사보다도 알 수 없는 병에 걸려 죽어 가는 인디언들이 훨씬 더 많았어요.

"먼 훗날에야 인류학자와 과학자 들이 놀라운 사실을 밝혀냈단다. 아메리카 대륙에서 어떻게 수많은 인디언이 사라져 갔는지, 유럽 사람들이 어떻게 그렇게 쉽게 인디언을 굴복시켰는지 말이다.

유럽 사람들은 자기도 모르게 아메리카 대륙에 천연두와 결핵, 홍역 같은 무시무시한 질병을 퍼뜨렸어. 천연두와 홍역은 가축이 사람에게 바이러스를 옮기는 병이란다. 인디언은 가축을 기르지 않았고, 가축이 옮기는 질병도 없었지. 수천 년 동안 가축을 기른 유럽 사람들은 면역력이 생겼지만, 인디언은 한 번도 그런 질병에 걸려 본 적이 없기 때문에 면역력이 없었단다. 수를 헤아릴 수 없을 만큼 많은 인디언이 천연두와 홍역, 결핵, 감기, 말라리아에 걸렸어. 그렇게 인디언 인구의 4분의 3이 조상들이 한 번도 걸려 본 적이 없는 질병에 감염되어 죽어 갔단다."

인디언의 영혼

그 뒤의 이야기도 무척 슬퍼요. 싸움과 전염병을 이기고 살아남은 인디언들은 노예가 되었어요.

"아메리카 대륙에서 가장 강대했던 아즈텍 제국과 잉카 제국을 무너뜨리고 스페인이 맨 먼저 중앙아메리카와 남아메리카를 독차지했어. 처음에 콜럼버스가 타고 왔던 배가 스페인 왕의 배였기 때문이야. 스페인 왕은 콜럼버스를 허풍쟁이라고 생각했지만, 반은 믿고 반은 의심하면서 다 쓰러져 가는 배 세 척을 빌려주었어.

탐험이 성공하면 콜럼버스는 자기가 발견한 땅의 절반을 왕에게 바치기로 했지. 스페인은 세계에서 가장 부유한 나라가 되었단다.

 스페인 바로 옆에 있는 나라 포르투갈도 가만히 있을 수 없었어. 포르투갈 왕은 군인들을 보내 남아메리카의 동쪽 절반을 자기네 땅이라고 선포했어. 그렇게 해서 스페인이 남아메리카의 서쪽을, 포르투갈이 동쪽을 차지했단다. 인디언 종족은 높은 산꼭대기와 점점 더 깊은 밀림 속으로 밀려났어.

 네덜란드와 프랑스도 속속 탐험가와 정복자들을 배에 태우고 아메리카 대륙의 한 귀퉁이라도 차지하려고 싸웠단다. 남쪽은 벌써 스페인과 포르투갈이 다 차지해 버렸기 때문에 늦게 온 나라들은 북아메리카로 향했어. 프랑스는 지금의 캐나다 땅을 찜했고 영국은 지금의 미국 땅을 차지했단다.

 영국에서 수많은 사람들이 자유와 새로운 땅을 찾아 북아메리카 대륙으로 왔어. 장사꾼이 오더니, 농부가 오고 군인들이 왔어."

 처음에 영국 사람들은 인디언에게 천막을 지을 만큼만 땅을 달라고 했어요. 그 대가로 인디언 종족은 담요와 주전자를 받았어요. 영국 사람들은 농사지을 땅을 달라고 했고, 다음에는 골짜기와 시냇물과 산과 사냥터를 달라고 했어요. 백인들은 대평원을 누비며 자유롭게 살아가던 인디언에게 사냥을 그만두고 자기들처럼 농사를 지으라고 했어요.

　인디언은 그럴 수 없다고 했어요. 북아메리카의 인디언은 언제나 들소 떼를 따라 드넓은 평원을 누비며 자유롭게 살았어요. 백인들처럼 수많은 사람이 한곳에 몰려 개미 떼처럼 살아가게 되면 영혼과 몸이 타락한다고 생각했어요.

　얼굴 흰 사람들은 갖은 수를 써서 땅을 넘기는 서류에 서명하게 했어요. 인디언에게 독한 술을 먹이고, 온갖 감언이설로 속이고, 거짓말을 일삼았어요. 인디언을 몰아내려고 백인들은 들소 떼를 습격했어요. 인디언들은 수천 년 동안 들소 떼를 따라다니며 식량과 옷과 천막을 구하고 살았는데 들소 떼가 사라지자 인디언은 굶주려 죽어 갔어요.

　100년도 되지 않아서 인디언은 백인에게 땅을 모두 빼앗기고, 뿔뿔이 흩어지고 고향을 떠나 황무지로 쫓겨났어요. 얼굴 흰 사람들의 숫자가 점점 더 많아지고 인디언 종족이 이 세상에 겨우 한 줌밖에 남지 않게 될 때까지 말이에요. 북아메리카 대륙은 온통 얼굴 흰 사람들 차지가 되었어요. 그들의 후예가 미국이라는 나라를 세웠어요. 처음에 그들은 영국에서 왔지만, 더 이상 영국에 세

유럽 사람들이 오기 전에는 지금의 미국 땅이 모두 인디언 부족의 땅이었어요.

200년이 지났을 때는 이렇게 되고 말았어요!
초록색으로 칠한 부분이 인디언의 땅이에요.

금을 바치지 않기로 결심하고 자기들끼리 나라를 세우고 대통령을 뽑았어요. 미국 지폐에 나오는 조지 워싱턴 말이에요. 이렇게 해서 미국이라는 나라가 생겨났어요. 그건 겨우 200년 전의 일이에요.

 선생님은 지도에서 미국을 찾고, 동쪽의 해안을 따라가다가 뉴욕을 짚었어요. 그곳에 맨해튼이라는 섬이 있어요. 미국의 심장이 뉴욕이고 뉴욕의 심장이 맨해튼이에요. 하지만 백인들은 이 섬을 인디언들에게 고작 24달러를 주고 샀어요! 인디언은 돈이 무엇인지도 몰랐기 때문에 돈 대신 구슬과 장신구 24달러어치를 받았어요. 인디언은 땅을 사고파는 것이 무엇인지 몰랐어요. 공기와 바람, 시냇물을 사고팔 수 없는 것처럼 땅도 그런 것이라고 생각했어요.

 인디언은 공기와 바람, 시냇물과 흙을 신이 내린 선물로 여겼어요. 공기와 안개와 하늘과 땅은 나무, 새, 곤충, 사슴, 들소와 사람이 다 함께 나누어 쓰라고 신이 내린 선물인데 어떻게 사고팔 수 있을까, 인디언은 얼굴 흰 사람들이 땅을 물건처럼 사고파는 것을 이해할 수 없었어요. 백인들이 땅을 달라고 하면 인디언은 천막을 걷고 떠났어요.

아메리카의 대초원을 누비며 들소를 사냥하던 용감한 인디언 종족은 이제 모두 사라졌어요. 얼마 남지 않은 인디언의 후예만이 '인디언 보호 구역'에서 가난하게 살고 있어요.

"인디언은 사라졌지만 미국의 마을과 도시, 강과 평원의 이름에는 인디언 말이 그대로 남아 있단다. 텍사스는 인디언 말로 '친구들', 미네소타는 '하늘 물감이 든 물', 오하이오는 '위대한 강'이라는 뜻이란다. 미시시피 강은 '물들의 아버지', 나이아가라 폭포는 '천둥처럼 구르는 물'이란다."

인디언 말은 정말 재밌고 근사해요. 오래전에 한 인디언 추장이 부족을 이끌고 큰 강을 건너와 말뚝을 땅에 박으며 소리쳤대요.

"앨라배 마!"

'우리는 이곳에서 쉴 것이다!'라는 말이었는데, 그곳이 미국의 앨라배마 주가 되었어요. 미국 아이들은 자기 나라의 역사를 배울 때, 미국의 원래 주인이었던 인디언의 이야기를 배울까요?

만약에 …… 하지 않았더라면

먼 옛날 아시아에서 온 인디언과 500년 전에 이곳에 온 스페인 사람, 포르투갈 사람, 프랑스 사람, 영국 사람, 네덜란드 사람, 아프리카 사람들이 모여서 아메리카 대륙의 인종이 되었어요!

맨 처음 아메리카 대륙에는 흑인들이 없었어요. 흑인들은 아메리카 대륙에 오고 싶어서 온 것이 아니예요. 유럽 사람들은 아메리카 대륙에 대농장을 만들고 인디언을 노예로 부리려고 했어요. 하지만 인디언의 수가 많지 않았고, 인디언은 백인의 노예로 사느니 차라리 죽기를 바랐어요.

"유럽 사람들은 머나먼 아프리카에서 흑인들을 배로 실어 왔어. 그렇게 노예 무역이 시작되었지. 해마다 200만 명이나 되는 아프리카 사람들이 노예로 팔려 아프리카 땅에서 사라졌어. 너무 어려서 일할 수 없는 어린아이들은 고향에 홀로 남겨져 야생 동물의 밥이 되었고.

수많은 흑인 남자와 여자와 아이 들이 가족과 헤어져 고향을 떠나 악취 가득한 배에 올랐어. 발에는 쇠사슬을 차고 짐짝처럼 배 밑 창고에 쑤셔 박힌 채 병에 걸려 죽어 갔단다. 항해 도중에 죽으면 시체는 바다에 던져졌어. 끌려온 흑인들 가운데 5분의 4가 죽고, 살아남은 흑인들은 대농장으로 팔려 가 노예가 되었어. 노예들은 중앙아메리카에 있는 섬들에 내려졌어. 유럽인들은 쿠바와 자메이카, 아이티 섬 전체를 사탕수수밭으로 만들고 300년 동안 아프리카의 노예를 실어 날랐단다."

노예의 후손은 대륙으로 흩어져 자자손손 노예가 되었어요. 『톰 아저씨의 오두막』에 나오는 톰이 바로 그런 노예였지요. 슬픈 이야기가 읽고 싶다면 『톰 아저씨의 오두막』을 권해요.

만약에 500년 전에 콜럼버스가 아메리카 대륙을 발견하지 않았다면 아메리카 대륙의 이야기는 이렇게 끝나지 않았을 거예요. 콜럼버스와 유럽의 탐험가들이 인디언과 인사를 나눈 뒤에 즐겁게 자기 나라로 돌아갔다면 말이에요.

유럽 사람보다 아시아 사람들이 먼저 인디언을 만났다면 어땠을까요? 두 종족이 서로를 그렇게 이상하게 바라보지 않아도 되었을 텐데, 아시아인과 인디언 종족은 생김새도 비슷하고 고향도 같으니까 말이에요. 그럼 두 종족이 친구가 되었을까요?

세계의 역사를 배우면 만약에 …… 하지 않았더라면, 만약에 …… 했더라면 하는 이야기를 수없이 상상할 수 있어요. 하지만 이건 그저 상상 놀이일 뿐이에요.

그래도 정말 유감스러운 일이에요! 새로운 종족과 종족이 만날 때, 어른들보다 어린이들끼리 먼저 만났어야 했는데 말이에요. 어린이들이라면 금방 친구가 되었을 테니까요. 그럼 세계는 훨씬 더 평화롭고 재미있는 곳이 되었을 거예요. 유엔 회의장에 양복 입은 유럽 사람들과, 허리춤에 야자나무 잎사귀를 두른 아프리카 추장들과, 머리에 독수리 깃털을 꽂은 인디언 추장이 탁자에 둘러앉아 국제평화회의를 하는 모습을 상상해 봐요!

5부 오세아니아와 남극

열넷째 날
오세아니아로 간 사람들

앞으로 앞으로! 이제 선생님과 나는 아메리카 대륙을 떠나 바다로 가요. 태평양 바다가 넓게 펼쳐져 있어요. 망망대해를 지나고 지나고 또 지나가지요. 드디어 섬이 하나 나타나요. 앗! 또 나타나요. 자꾸 나타나요. 바다 한가운데 섬들이 올록볼록 솟아 있어요. 이스터 섬, 하와이 섬, 타히티 섬, 라로통가 섬, 투투일라 섬, 우폴루 섬, 바누아레부 섬, 타라와 섬, 과달카날 섬, 뉴기니 섬, 뉴질랜드 섬, 커다란 오스트레일리아 섬······.

"대서양에는 섬이 거의 없지만 태평양에는 섬이 아주 많단다. 바닷물을 모두 걷어 내고 해저 바닥을 볼 수 있다면 태평양 밑바

태평양 바다에 섬들이 이렇게나 많아요!
파랗고 출렁출렁한 지구에 떠 있는 작은 보석들 같아요.

닥이 대서양 바닥보다 훨씬 더 울퉁불퉁하고 훨씬 더 뾰족뾰족할 거다."

선생님은 태평양의 크고 작은 섬들을 통틀어 오세아니아라고 부른다고 하셨어요. 오세아니아……. 처음 들어 보는 말이에요. 그래도 듣기 좋아요. 부드럽고 포근하고, 오래전부터 알던 것처럼 친근하게 들려요.

오세아니아에는 섬나라가 15개 있어요. 가장 큰 나라는 오스트레일리아예요. 가장 작은 나라는 나우루예요. 그런데 나라 하나마다 섬들이 몇백 개씩, 몇천 개씩 있어서 오세아니아의 섬들을 모두 합하면 만 개나 된다는 거예요.

"아름다운 산호초로 둘러싸인 섬, 열대의 빽빽한 숲이 가득한 정글 섬, 아무도 살지 않는 무인도, 바다 밑에서 화산이 폭발해서 만들어진 화산섬 들이 있지. 그리고 온통 새들의 똥으로 뒤덮인 섬도 있고."

새똥 섬이라고요? 우웩! 그런 곳에서 어떻게 사람이 살아요? 하지만 선생님 말씀이, 몇천 년 동안 새똥이 쌓이고 굳었기 때문에 똥은 이제 돌처럼 되었고 냄새도 나지 않는대요.

"그 새똥 돌이 아주 값비싸다는 걸 알면 더 놀랄걸."

"에이, 새똥을 어디에 쓰게요."

"모르는 소리! 구아노는 보석만큼 비싼 돌이란다. 새똥과 새 뼈가 섞여 오랜 시간이 지나 땅에 묻혀 돌이 된 것을 '구아노'라고 부르지. 농사를 지으려면 비료가 필요하지?"

"네."

"퇴비를 만들려면 똥이 필요하고?"

"네, 그런데요?"

"그런데 구아노는 돌이 된 똥이란 말씀이야. 구아노는 최고의 천연 비료란다!"

선생님은 새똥을 팔아 아주아주 부자가 된 섬나라가 정말로 있다고 하셨어요. 태평양 가운데 아주 조그만 나우루 공화국이 있어요. 나우루 사람들은 아침 점심 저녁을 모두 사 먹고, 정부에서 가정부를 보내 주어서 화장실까지 청소해 주었기 때문에 집안일도 할 필요가 없었어요. 아침에 일어나면 놀고 또 놀고, 심심하면 낚시를 하거나 드라이브를 했고요. 길에서 차가 고장 나면 길가에 차를 버리고 새로 사고, 심지어 돈을 휴지로 쓰기도 했대요! 하지만 나우루는 도로 가난해졌는데, 그건 돈을 어떻게 모으고 어떻게 써야 하는지 잘 몰랐기 때문이래요.

"나우루 사람들은 어린애 같았단다. 대대로 돈 같은 것은 없이 살았고 당연히 은행, 투자, 경제 발전이니 하는 것들을 몰랐어."

나우루 공화국에는 사람들이 1만 2600명 살고 있어요. 나우루 섬에는 도로가 한 개밖에 없어요. 해안을 따라 섬을 둘러싸고 있는 도로를 차를 타고 한 바퀴 돌면 30분이 걸려요. 얼마나 작은 나라인지, 이 섬에 가려면 여행사의 전화 상담원도 이렇게 말할 정도랍니다.

"손님, 나우루라는 나라가 정말 있기는 한가요?"

석기 시대의 후예

오세아니아에는 신기한 것들이 정말 많아요. 코알라, 오리너구리, 목도리도마뱀이 살고, 캥거루와 주머니쥐, 주머니여우도 있어요. 배에 주머니가 달린 동물은 오세아니아에만 있어요.

"그리고 빵나무도 있단다!"

"빵나무가 뭐예요? 나무에 빵이 열려요?"

하하, 알고 보니 빵나무는 뽕나뭇과에 속하는 나무랍니다. 빵나무의 둥그런 열매는 감자랑 맛이 비슷하대요. 얇게 잘라서 굽거나 쪄서 먹어요. 오세아니아 사람들은 이 열매를 빵처럼 자주 먹어요. 그래서 이름도 빵나무래요.

오세아니아 사람들은 과일과 빵나무 열매를 먹고 물고기를 잡고, 씨앗, 버섯, 뿌리, 나무껍질과 꽃잎을 따 먹었어요. 어떤 부족은 채소보다 고기를 더 많이 먹었는데, 새알도 먹고 거북 알도 먹고 벌레도 먹고 도마뱀도 먹고 개구리도 먹고 때때로 캥거루도 잡아먹고 살았지요.

부족 사람들은 궁전이나 사원 같은 것은 아예 만들지 않았어요. 글자도 만들지 않고 쇠로 만든 도구들도 모르고 살았어요. 오세아니아 사람들은 세계에 엄청나게 커다란 다른 대륙이 있다는 것을 몰랐어요. 오세아니아에는 청동기 시대도 철기 시대도 오지 않았고, 석기 시대 원시인의 후예가 지금도 살고 있어요.

오세아니아 원주민들은 그림을 그리고 노래를 불러요. 쇠로 만든 도구 대신 섬에 많이 있는 풀과 돌과 나무와 조개껍질과 흙으로 필요한 것들을 만들어요. 나는 사진으로 보았지만 원주민들이 만든 가면, 귀고리, 돗자리, 그릇, 조각상, 항아리는 정말 예쁘답니다. 하지만 조각상은 조금 무섭게 생겼어요. 머리가 크고 눈이 튀어나올 것 같고 이빨이 다 보이도록 크게 웃고 있거든요.

이곳에는 언제부터 사람들이 살았을까요? 오세아니아는 뚝뚝

오세아니아의 원시 부족들은 춤과 노래를 즐겼어요.
둥둥 울리는 흥겨운 장단에 맞추어 나도 함께 춤추고 싶어요!

떨어져 있는 섬나라들인데 어떻게 사람이 살게 되었을까요?

헤헤! 이런 질문은 옛날에는 못 했을 거예요. 하지만 선생님과 함께 공부하니까 자꾸 궁금한 게 생기는걸요.

"오스트레일리아와 태평양의 여러 섬들이 어디에 있는지, 어디와 가까운지 잘 보렴."

아, 정말! 오세아니아는 필리핀과 인도네시아에서 아주 가까워요.

"먼 옛날 지금부터 5만 년쯤 전에 원시인들이 동남아시아에서 여러 섬들을 지나 오스트레일리아로 건너갔단다. 아주 옛날 빙하기 시대를 기억해 봐라."

"아, 빙하기! 먼 옛날 빙하기 시대에 원시인들이 아메리카로 건너갔잖아요."

"그렇단다. 그때처럼 원시인들은 걸어서 갔단다. 바닷물이 얕아서 섬과 섬이 이어져 있었던 곳은 걸어서 갔어. 하지만 바다였던 곳도 많았기 때문에 꼭 걸어서 모든 섬에 간 것은 아니었지."

그럼 배를 타고 갔나 봐요! 정말 그랬다면 동남아시아와 여러 섬들에 살던 먼 옛날 부족들은 배를 잘 만들었을 거예요. 물고기를 잡으러, 물고기 떼를 따라 해안에서 멀리 떨어진 바다 한가운

5만 년 전 원시인들이 아시아 땅끝에서
야트막한 바다와 오종종 떠 있는 섬들을 따라서 오스트레일리아 대륙으로 갔어요.
걸어서 갔을까요, 배를 타고 갔을까요, 통나무에 매달려 떠내려 갔을까요?

데까지 돌아다니기도 했을 거예요.

"때로는 통나무배에 식량을 싣고 며칠씩 바다를 떠돌기도 했지. 그들은 배를 타고 며칠씩 가서 새로운 섬들을 보았단다. 육지에서 멀리 떨어진 섬에는 무서운 맹수들이 살고 있지 않았어. 먼저 살고 있는 사람들도 없었고 말이야. 그런 곳에 마을을 만드는 것은 어려운 일이 아니었을 거야."

하지만 난 궁금해요. 어떤 섬들은 바다 한가운데 아주아주 멀리 떨어져 있는데, 먼 옛날 사람들이 어떻게 나침반도 없이 좋은 배도 없이 열심히 노만 저어서 한 달씩 두 달씩 통나무배를 타고 그렇게 먼 곳까지 갔을까요?

"음……. 그건 말이다. 하하! 나도 잘 모른단다. 우리가 상상하는 것보다 원시인 부족들은 훨씬 더 똑똑하고 용감했을 거야."

오스트레일리아 대륙의 역사

오스트레일리아 섬은 오세아니아 여러 섬들 중에서 가장 큰 섬이에요. 너무 커서 섬이라고 하지 않고 대륙이라고 부른대요. 오스트레일리아 대륙에는 나라가 하나밖에 없는데 이름이 뭘까요? 바로 오스트레일리아랍니다. 대륙 이름이 그대로 나라 이름이에요. 이 나라는 7, 8월에 눈이 오고 한여름에 성탄절과 설날을 맞아요.

배를 타고 오스트레일리아로 들어가려면 먼저 산호초 바다를 지나야 해요. 오스트레일리아의 그레이트배리어리프는 아주 유명한 산호초 바다예요. 거대하고 오래된 산호초 바다는 길이가 2000킬로미터나 돼요.

"넌 2000킬로미터가 얼마만큼 긴 건지 아무 느낌이 없을 거다. 그건 말이지, 지구 밖에서도 보일 정도란다!"

"우아! 산호가 그렇게 커요?"

우리 집에도 산호가 있는데, 아빠가 먼바다에 나갔다가 가져온 거예요. 하지만 그건 아빠 손바닥만 했는걸요.

"이만큼 기다란 산호초가 생기는 데 몇백만 년이 걸린단다. 그런데 산호가 무엇인지 알고 있니?"

"그건 나뭇가지처럼 생겼는데 딱딱하고 색깔이 예뻐요. 분홍 나뭇가지, 노랑 나뭇가지 같아요."

"산호는 산호충들의 집이야. 산호충들이 몸속에서 탄산칼슘을 만들어 내보내는데, 이것이 굳으면 딱딱한 산호가 되지. 수없이 많은 산호충들이 산호 속에 살고 있단다. 산호가 나뭇가지 같다고 했지? 정말 그렇단다. 새들이 나뭇가지에 집을 짓고 알을 낳고 숨고 먹이를 구하는 것처럼 작은 물고기와 조개, 오징어는 산호초 숲에서 옹기종기 안전하게 살아간단다."

넓고 길고 거대한 산호초 바다를 지나면 이제 정말 오스트레일리아 대륙이에요. 오스트레일리아 대륙은 세계에서 제일 평평한 대륙이래요! 아시아에는 세계의 지붕 히말라야가 있고 유럽에는 알프스 산맥이 있고 아메리카에는 록키 산맥과 안데스 산맥이 있고 아프리카에도 킬리만자로 산과 고원이 있는데, 오스트레일리아의 코지어스코 산은 높이가 겨우 2230미터예요. 산도 고만고만 높고 산맥도 고만고만한데 그마저도 별로 없어서 대륙이 대부분 평평한 평지예요.

하지만 오스트레일리아에는 세계에서 가장 커다란 바위가 있답니다! 울루루 바위는 오스트레일리아 사막 한가운데 있어요.

"바위 하나가 조그만 산 같단다. 우리가 울루루 바위를 돈다면 세 시간이 걸릴 거다."

울루루 바위는 아주 신성하고 엄숙한 곳이에요. 아무나 올라가서도 안 되고 부족에서 존경받는 주술사들만 제사를 지내러 가끔 올라갔지요. 울루루 바위 깊숙한 곳에는 비밀스러운 동굴이 있어

오스트레일리아 대륙은 가장자리가 안쪽보다 높아서 속이 빈 사발 모양이에요.
대륙 안쪽은 일 년 내내 비 한 방울 오지 않는 사막이에요.

요. 동굴 벽에는 오래된 부족의 역사가 그림으로 그려져 있고, 부족들의 보물이 간직되어 있어요. 그런데 오스트레일리아 정부가 1959년에 울루루를 국립공원으로 만들어 버렸어요. 선생님 목소리가 갑자기 커졌어요. 도서관 유리창이 덜거덕 흔들렸어요.

"울루루 바위는 이제 시끄러운 관광지가 되었어. 관광객들은 원주민들의 오랜 전통을 무시하고 개미처럼 바위산을 기어 올라가 쿵쿵거리며 떠들어 댄단다. 신기한 건 뭐든지 봐야 되고 사진을 찍어 대야 직성이 풀리지."

이제는 울루루 바위를 보고 가슴 아파하는 원주민 부족들도 얼마 남지 않았어요. 선생님은 그게 더 슬픈 일이라고 하셨어요.

지금 오스트레일리아에는 200년쯤 전에 영국에서 건너온 사람들이 제일 많이 살고 있어요. 하지만 원래 주인은 영국 사람들이 아니었지요.

5만 년도 더 전부터 수많은 부족들이 오스트레일리아에 살고 있었어요. 늘 노래를 부르며 평화롭게 살았어요. 하지만 사나운 부족도 있었어요. 족장이 엄하게 다스린 부족, 다른 부족에서 사람을 훔쳐 와 노예로 부린 부족도 있었어요. 시체를 먹는 식인종 부족도 있었고요!

오스트레일리아의 부족들은 숲을 파괴하지 않고, 강물을 더럽히지 않고, 동물들과 식물들과 함께 깨끗하게 살았어요. 쇠로 만든 정교한 도구들도 없고 크고 안락한 집도 없고 도시나 왕들도 없고 세련된 기술도 없지만 부족 사람들은 평화로웠어요. 아주 많이 웃고 아주 조금 울고, 우주와 자연과 신에게 하루하루 감사하며 살고 두려움 없이 이 세상을 떠났어요.

"하지만 지금부터 200년쯤 전에 유럽 사람들이 이 섬을 찾아내고 말았단다. 유럽 사람들은 일찍이 대서양을 건너 아메리카 대륙을 찾아냈지만 태평양 남쪽 먼바다에 대해서는 소문만 무성히 떠돌고 있었지. 괴물들이 사는 미지의 대륙이 있다고도 하고, 펭귄들이 사는 어마어마한 얼음 대륙이 있다고도 하고.

1768년 영국 왕 조지 3세는 태평양을 탐사하러 떠날 해군 함대를 꾸렸어. 제임스 쿡 대령은 꼼꼼하고 고집스럽고 엄격하고 용감한 사람이었단다. 국왕은 쿡 선장에게 비밀 임무를 맡겼지. 쿡 선장이 태평양 한가운데서 국왕이 내린 비밀 봉투를 열었을 때 거기에는 이렇게 적혀 있었단다.

'알려지지 않은 대륙을 찾고 관찰하고 측량하고 지도를 완성하라! 그 땅은 영국의 것이 되리라!'"

쿡 선장은 남태평양의 여러 섬들을 발견하고 뉴질랜드를 거쳐 오스트레일리아 대륙을 찾아냈어요. 대륙의 해안을 꼼꼼히 측량하고 지도를 그렸어요. 그렇게 해서 태평양 남쪽에 믿을 수 없을 만큼 거대한 섬이 있다는 것이 세상에 알려지게 되었어요.

"영국 국왕은 커다란 배 열한 척에 죄수와 간수 들을 1030명 싣고 오스트레일리아로 쫓아 보냈단다. 나라에 감옥이 모자라니 그곳에서 살든지 죽든지 하라고 말이야.

처음에 죄수들은 해안가에 모여 살았지만 얼마 지나지 않아 광활하고 기름진 들판으로 눈을 돌리게 되었지. 게다가 금광이 발견됐단다. 농부와 목축업자와 수많은 사람들이 새로운 대륙으로 몰려왔어."

아메리카의 인디언들에게 닥쳤던 불행한 일이 오스트레일리아 대륙에도 일어났어요. 수많은 부족들이 조상들의 땅을 빼앗기고 식구를 잃고 먼 데로 끌려가 비참하게 일했어요. 오스트레일리아 남부에 살던 매스매니아 부족은 '동물'로 판결이 내려져서 몰살당했어요! 평화롭고 지혜로웠던 우문제리 부족은 숲도 없고 물도 찾기 힘든 내륙의 사막으로 쫓겨 가야 했어요.

사막은 점점 더 더워지고 비가 줄어들고 동물도 식물도 사라져 가고 있다는데 그 사람들은 어떻게 되었을까요? 이제 몇몇 남지 않은 원주민들은 도시에서 부랑자가 되거나 목장에서 힘겹게 일하거나 관광지에서 민속춤을 추면서 살아가고 있어요.

"사람들은 오스트레일리아가 아름답고 살기 좋은 곳이라고 말한단다. 하지만 그곳에서 수만 년 동안 살아온 부족들이 어디로 갔는지 어떻게 사라졌는지는 별로 생각해 보지 않아. 긍지가 높고 아무도 속이지 않고, 동물과 벌레와 풀과 나무를 존중하고 진심으로 자연에 감사할 줄 아는 부족들이 있었는데도 말이다."

이제부터 오스트레일리아에 대해서 공부해 보아야겠어요. 나는 이곳이 마음에 들어요. 대륙이라지만 내가 사는 곳처럼 섬이기도 한걸요. 원주민들의 이야기도 읽고 싶어요. 어린이가 읽을 만한 책이 있는지 선생님에게 물어봐야겠어요.

열다섯째 날
펭귄들의 땅 남극 대륙

　얼마 전부터 나는 남극 대륙을 공부하고 있어요. 남극 대륙은 오스트레일리아 대륙보다 두 배나 더 넓은데도 세계지도에서는 잘 보이지 않아요. 어떤 지도는 남극 대륙을 아예 빼먹고, 또 어떤 지도는 남극 대륙을 고무줄처럼 잡아 늘여서 괴상하게 만들어 놓았어요. 둥그런 지구를 네모나고 납작한 지도에 그리려니 그렇게 된 거래요.

　선생님은 남극 대륙을 이렇게 푸대접해서는 안 된다면서 지구본을 들고 남극 대륙을 제대로 보아야 한댔어요.

　"지구본을 그냥 내려다보아서는 남극이 보이지 않지. 손으로 지구본을 번쩍 들고서 거꾸로 보아야 해!"

남극을 한가운데 놓고 지구본을 보면 지구가 온통 바다예요! 태평양, 대서양, 인도양 바다 한가운데에 하얗고 들쑥날쑥한 남극 대륙이 있어요. 지구본 가장자리로 오스트레일리아 대륙이 조금, 남아메리카와 아프리카 대륙의 끄트머리가 간신히 보여요.

나는 남극 대륙을 자세히 들여다보았어요. 내가 남극 대륙에서 무얼 발견했는지 맞춰 보세요.

나는 남극 대륙이 거대하고 평평한 얼음덩어리인 줄만 알았어요. 그런데 그곳에 놀랍게도 높은 산맥이 있었어요. 화산도 있었어요!

"남극은 어엿한 대륙이고 울퉁불퉁한 땅이란다. 북극은 바다 위에 둥둥 떠 있는 빙산일 뿐이지만, 남극 대륙은 아래로 아래로 바다 밑까지 이어져 있는 단단한 땅이야. 그 땅 위에 얼음이 2100미터나 쌓여 있지."

나는 상상해 봐요. 두터운 빙하를 모두 걷어 낼 수 있다면, 그 아래 이 세상 아무도 밟아 보지 못한 단단한 남극의 땅을 볼 수 있을 거예요.

"누가 맨 처음 남극 대륙을 보았을까? 아마도 오세아니아 원주

남극은 그저 바다 위에 떠 있는 얼음덩어리가 아니에요.
두꺼운 빙하로 덮여 있지만 그 아래는 거대하고 단단한 대륙이에요!
남극에는 높이가 4897미터나 되는 산이 있고, 화산도 있고, 산맥이 대륙을 가로질러요!
겨울에는 빙하가 커져서 남극 대륙이 더 크게 보인대요.

민들이 발견했을 거야. 고기잡이를 하거나 풍랑을 만나서 남쪽으로 남쪽으로 떠밀려 가다가 우연히 보았을 거야. 오랫동안 지구의 아래쪽에 미지의 대륙이 있다는 소문이 떠돌았지. 1600년대에 비테 란지오라는 탐험가가 원주민과 함께 카누를 타고서 얼어붙은 바다를 넘어 남극 대륙으로 갔다는 이야기가 있어. 그 사람이 남극 대륙에 정말로 발을 디뎠는지 어떤지는 모른단다."

미지의 바다를 탐험한 쿡 선장도 남극의 빙산을 보았어요. 오스트레일리아를 발견한 쿡 선장 말이에요. 하지만 쿡 선장은 가물가물하게 보이는 것이 대륙인지 거대한 빙하인지 알 수 없었대요. 그러다가 먼바다로 고래잡이를 떠난 수많은 배들 덕분에 조금씩 조금씩 남극 대륙이 알려지기 시작했어요.

"여러 나라들이 지구의 마지막 대륙에 욕심을 냈단다. 미지의 땅을 지도에 그려 넣고, 아무도 밟지 않은 그곳에 국기를 꽂고, 마지막에는 영영 차지해 버리려고 말이야. 유럽의 탐험가들이 어마어마한 장비를 짊어지고 남극 대륙으로 떠났어. 무한한 용기로 무장하고서 남극 대륙을 최초로 횡단하는 영광을 누리려고 나섰지."

하지만 무시무시한 얼음 땅 위에서 수많은 탐험가들이 굶주림

100년 전 노르웨이의 탐험가 아문센은 북극 사람들이 입는
두꺼운 털가죽 옷을 입고 남극으로 향했어요.
마치 커다란 펭귄 같아요.

과 추위를 견디지 못하고 죽어 갔어요. 1911년에야 간신히 노르웨이 사람 아문센이 열한 마리 개들과 대원들과 함께 남극점을 밟았어요.

남극은 지구에서 가장 추운 곳이에요. 북극보다도 더 추워서 겨울에는 영하 80도까지 내려가요. 태풍보다 무서운 칼바람이 몰아치고 너무나 추워서 오줌이 땅에 떨어지기도 전에 얼어붙고, 일 년의 반은 낮에도 해가 뜨지 않아요.

"사람들이 지구의 대륙을 모두 정복했어도 남극은 펭귄들의 땅이야. 남극에는 500만 년 전부터 펭귄들이 대대로 살고 있지. 펭귄들은 남극보다 더 좋은 곳을 모르는 것처럼 떠들썩하게 살고 있단다."

펭귄은 뚱뚱보라는 뜻이래요. 하지만 바다를 헤엄칠 때 펭귄은 날렵하고 부드러운 물고기 같아요. 나는 이다음에 남극에 가서, 그렇게 추운 곳에서도 시끄럽고 즐겁게 떠들어 대는 펭귄들을 꼭 만나 보고 싶어요.

"남극 대륙마저 강대국들이 조각조각 갈라서 나눠 가졌다면 정말 슬픈 일일 거야. 고맙게도 1959년에 세계의 여러 나라들이 약속했단다. 남극 대륙을 그 어떤 나라의 땅으로도 하지 말고 지구와 미래를 위해서 과학 연구를 하는 곳으로 남겨 두자고 말이야. 지금 남극에서는 세계 여러 나라에서 온 과학자들이 기후와 자기장, 해양 생물들과 지구 속 비밀을 연구하고 있지."

나는 남극이 너무너무 추운 곳이라서, 사람들이 함부로 못 사는 곳이라서 정말 다행이라고 생각해요!

선생님이 나를 바라봤어요.

"내일 또 올 거지, 꼬마 염소야?"

"네."

"이제 이야기가 끝났는데도?"

"네!"

지금 나는 풀밭에 누워 있어요. 선생님한테 배운 이야기가 아직 마음속에 들어 있어요. 오른쪽으로 누우면 마음속 이야기가 오른쪽으로 몰리고, 왼쪽으로 돌아누우면 이번에는 왼쪽으로 몰리는 것 같아요.

그 뒤의 이야기

　나는 이제 열네 살이에요! 나는 키가 한 뼘 자랐어요. 내 말총머리는 긴 머리로 바뀌었고요. 선생님과 내가 세계의 역사를 공부한 뒤로 한 해, 두 해, 세 해가 지났거든요.

　선생님은 여전히 뚱뚱한 임금님만큼 뚱뚱해요. 도서관을 쓸고 꽃들을 돌보고 도시로 나가서 책을 한 상자씩 들여와요. 코안경을 걸치고 책을 보면서 고함을 지르고 한숨을 쉬고 껄껄거리고, 때로는 눈물도 찍어 내시죠.

　처음에 나는 세계에 대해 알고 싶지만 아무것도 모르는 꼬마였지요. 선생님은 내가 아무것도 모른다니 얼마나 기쁜지 모른다면서, 배를 두드리고 주름살을 오므렸다 폈다 하면서 세상에 대해 오래오래된 이야기를 들려주었어요.

어떤 아이들은 역사를 배우느라고 날짜와 연도와 낯선 이름들을 억지로 외워야 한대요. 봄과 여름, 가을과 겨울에도 시험을 쳐야 하고요. 하지만 우리는 그렇게 공부하지 않았어요. 그렇게 공부한다면 의자에 붙어 앉아서 눈을 부릅뜨고 입은 꾹 다물어야 할 거예요. 나는 선생님과 공부하는 동안 내내 재잘거렸는데 질문이 그렇게 많이 생겨날 줄 몰랐답니다. 사하라 사막은 어떻게 사막이 되어 버린 거예요? 미라는 어떻게 만들어요? 선생님은 미라를 본 적 있어요? 피그미족은 왜 그렇게 작은 사람이 되었어요? 정말로 바그다드에 신드바드가 살았어요? 인도에는 왜 그렇게 신들이 많아요? 왜 어떤 나라는 크고 어떤 나라는 작은 거예요?

선생님은 공부를 할 땐 모름지기 질문을 많이 해야 하고, 역사 공부를 할 때도 그렇다고 했어요. 그리고 의자를 박차고 멀리멀리 날아가서 그곳에 있는 상상에 빠져야 한다고요. 이집트의 파라오가 되고, 황허 강가에서 농사짓는 중국의 농부가 되고, 점잖고 자유로운 인디언이 되어 보라고요. 세계의 역사를 처음 공부하는 나를 위해 선생님은 언제나 지도를 옆에 두셨어요. 바둑판에 가로줄과 세로줄이 있는 것처럼 역사와 지리도 당연히 그런 사이라면서요! 어떨 때는 동그란 지구본, 어떨 때는 네모난 세계지도, 선생님은 꼬불꼬불 국경선으로 가득 찬 지도와 산과 초원, 정글과 사막이 색색깔로 그려진 지도, 아시아 지도, 아프리카 지도, 아메리카 지도 들을 척척 내밀었어요.

나는 세계의 역사를 공부하는 것이 오케스트라의 콘트라베이스 연주와 같다고 생각해요. 언젠가 커다란 무대에서 신사 숙녀들이 교향곡을 연주하는 것을 본 적이 있어요. 뒤쪽에 있는 아저씨들이 자기만큼 커다란 콘트라베이스를 연주했어요. 낮고 묵직한 콘트라베이스 연주가 깔리고 그 위에 피아노, 바이올린, 플루트의 선율들이 올라가서 아름답고 웅장한 교향곡이 되었어요. 세계의 역사를 알게 되는 것도 이 세상의 수많은 공부 제일 아래에 묵직하게 깔리는 콘트라베이스 연주 같아요.

큰 나라를 공부하니 조그만 나라에 대해서도 알고 싶어져요. 문명이 발달한 나라들을 공부하니까 먼 옛날 원시인들과 사라져 가는 소수 민족의 이야기도 궁금해져요. 옛날에 살았던 왕과 왕비, 장군과 수도사와 사기꾼, 모험가와 반역자와 철학자의 감추어진 이야기도 궁금한걸요. 사람들이 자연과 우주의 이치를 깨닫게 된 놀라운 이야기도, 옛날 사람들이 세계 곳곳에서 남긴 오래된 이야기들도 이제는 알고 싶어요. 뉴스가 나오면 귀를 쫑긋해요. 다른 나라에서 지금 어떤 일이 일어나고 있는지 나도 궁금해요. 유럽은 옛날에 그렇게 싸우기를 좋아했는데 지금은 유럽연합이란 걸 만들어서 서로 친하게 지내려고 노력한대요. 내가 좋아했던 수메르 사람들의 땅에는 전쟁이 끊이지 않고요. 신문을 볼 때 뉴스를 볼 때 선생님과 공부한 역사 이야기가 떠오른답니다. 과학자의 이야기나 소설책, 만화책을 읽을 때도요.

오래전에 선생님은 머릿속이 꽉 차 버린 다음부터 배가 불룩해지더라고 말씀하셨지요. 하지만 그건 우스개소린걸요. 선생님 배가 뚱뚱해진 건 느릿느릿 움직이고 운동을 안 좋아하기 때문이에요.

선생님은 내가 소양이 풍부한 사람이 되기를 바라셨는데, 인간의 아이들은 세상과 자연과 예술에 대해서 알아야 한다고 말이에요. 걱정 마세요. 내 머릿속에는 아직도 빈자리가 많이 많이 남아 있어요.

연표

연도	아프리카	아시아
10만 년 전	10만 년 전 • 아프리카에 현재 인류의 조상이 등장하다	6만 년 전 • 인류가 아시아 땅에 도착하다
5만 년 전		
1만 5000년 전		
기원전 5000년	기원전 3700년경 • 이집트에서 농사를 시작하다	기원전 4000년경 • 티그리스와 유프라테스 강에서 메소포타미아 문명이 번성하다
기원전 3000년	기원전 2680년경 • 쿠푸 왕의 피라미드가 세워지다	기원전 3000년경 • 인더스 강가에서 문명이 번성하다 기원전 2500년경 • 길가메시 이야기가 써지다 기원전 2333년 • 한반도에 고조선이 세워지다
기원전 2000년		기원전 2000년경 • 황허 강가에서 문명이 번성하다 기원전 1480년경 • 모세가 유대 민족을 이끌고 이집트를 탈출하다
기원전 1000년		기원전 563년경 • 고타마 싯다르타(붓다)가 태어나다 기원전 551년 • 공자가 태어나다
기원전 500년		기원전 221년 • 중국에 처음으로 통일된 나라가 세워지고 만리장성을 만들기 시작하다 기원전 4년경 • 예수가 태어나다
1년		105년경 • 중국에서 종이를 발명하다 200년경 • 유방이 세운 한나라가 다시 중국을 통일하다

유럽	아메리카	오세아니아와 남극
4만 년 전 • 인류가 유럽 땅에 도착하다		5만 년 전 • 인류가 오스트레일리아 땅에 도착하다
	1만 5000년 전 • 인류가 아메리카 땅에 도착하다	
기원전 800년경 • 그리스에 도시 국가들이 세워지다 기원전 753년 • 로마가 세워지다		
기원전 323년 • 알렉산드로스 대왕이 제국을 세우다 기원전 300년경 • 그리스 문명이 인도로 전해지고, 인도 문명이 그리스로 전해지다 기원전 264년 • 로마에서 검투사들의 경기가 처음으로 열리다 기원전 200년경 • 로마 제국이 번성하다	기원전 300년경 • 중앙아메리카에서 마야 문명이 번성하다	
360년경 • 훈족이 유럽에 들이닥치다 500년경 • 켈트족의 아서 왕이 활약하고 게르만족의 대이동이 일어나다		

연표

연도	아프리카	아시아
500년	800년경 • 가나 왕국이 전성기를 누리다	610년 • 무함마드가 이슬람교를 만들다 762년 • 아라비아 왕국이 바그다드에 수도를 정하다 1206년 • 몽골족의 칭기즈 칸이 대제국을 세우다 1258년 • 몽골족이 바그다드를 침략하다
1000년		1271년 • 마르코 폴로가 중국으로 탐험을 떠나다
1300년	1324년 • 말리 왕국의 만사 무사 왕이 아라비아로 순례 여행을 떠나다 1415년 • 중국 사람들이 아프리카를 찾아오다 1483년 • 유럽의 여러 나라들이 아프리카 땅을 빼앗기 시작하다	
1500년		1592년 • 임진왜란이 일어나다
1600년		1643년 • 인도의 샤 자한 임금이 타지마할을 세우다
1700년		
1800년	1884년 • 유럽의 나라들이 아프리카를 식민지로 삼기 위해 회의를 하다 1896년 • 수에즈 운하가 열리다	1839년 • 중국이 영국과 아편 전쟁을 벌이다
1900년	1922년 • 투탕카멘의 무덤이 발견되다 1960년대 • 아프리카의 여러 나라들이 독립하다 1994년 • 남아프리카 공화국에서 흑인 대통령이 뽑히다	1945년 • 제2차 세계 대전이 끝나고 한국이 해방을 맞이하다
2000년		

유럽	아메리카	오세아니아와 남극
800년경 • 샤를마뉴 대제가 유럽의 여러 나라들을 정복하다		
	1460년경 • 마야 문명이 멸망하다 1492년 • 콜럼버스가 대서양을 건너 아메리카를 발견하다	
1569년 • 메르카토르가 지구의 모든 대륙을 한눈에 볼 수 있는 지도를 만들다	1521년 • 스페인이 아즈텍 제국을 정복하다 1600년대 • 인디언이 백인들에게 땅을 거의 모두 빼앗기다	
	1776년 • 1800년 미국이 영국으로부터 독립할 것을 선언하다	1770년 • 영국의 제임스 쿡 선장이 오세아니아를 발견하다 1788년 • 영국 국왕이 죄수들을 배에 태워 오스트레일리아로 쫓아보내다
1804년 • 나폴레옹이 유럽의 여러 나라들을 정복하고 황제의 자리에 오르다	1820년대 • 남아메리카의 여러 나라들이 독립하다 1886년 • 북아메리카에서 아파치족의 저항이 실패하다	1800년 • 오스트레일리아가 세워지다 1893년 • 뉴질랜드가 세계 최초로 여자도 투표할 수 있는 나라가 되다
1914년 • 제1차 세계 대전이 일어나다 1939년 • 제2차 세계 대전이 일어나다 1993년 • 유럽연합(EU)이 생기다	1914년 • 파나마 운하가 열리다 1969년 • 미국의 우주비행사 닐 암스트롱이 인류 최초로 달에 발을 내딛다	1911년 • 노르웨이의 탐험가 아문센이 최초로 남극점을 밟다 1959년 • 세계 여러 나라들이 남극을 평화롭게 이용하기로 약속하다 1988년 • 세종 과학 기지가 세워지다

도움받은 책

김기철 『시경, 최초의 노래』, 천지인 2010.
카베자 데 바카 『유럽인 최초의 아메리칸』, 남진희 옮김, 숲 2005.
나렌드라 자다브 『신도 버린 사람들』, 강수정 옮김, 김영사 2007.
루츠 판 다이크 『처음 읽는 아프리카의 역사』, 안인희 옮김, 웅진지식하우스 2005.
뤼크 폴리에 『나우루 공화국의 비극』, 안수연 옮김, 에코리브르 2010.
마이클 우드 『인도 이야기』, 김승욱 옮김, 웅진지식하우스 2009.
만프레트 마이 『상식과 교양으로 읽는 유럽의 역사』, 장혜경 옮김, 웅진지식하우스 2008.
베른하르트 카이 『항해의 역사』, 박계수 옮김, 북폴리오 2006.
안드레아스 벤츠케 『콜럼버스』, 윤도중 옮김, 한길사 1998.
앙드레 보나르 『그리스인 이야기 1~3』, 김희균·양영란 옮김, 책과함께 2011.
앨버트 후라니 『아랍인의 역사』, 김정명·홍미정 옮김, 심산 2010.
에드워드 기번 『로마 제국 쇠망사 1~6』, 윤수인 외 옮김, 민음사 2008.
에른스트 H. 곰브리치 『옛날 이야기처럼 재미있는 곰브리치 세계사 1~2』, 이내금 옮김, 자작나무 1997.
앤드루 테일러 『메르카토르의 세계』, 손일 옮김, 푸른길 2007.
이디스 해밀턴 『고대 그리스인의 생각과 힘』, 이지은 옮김, 까치 2009.
이븐 할둔 『역사서설』, 김호동 옮김, 까치 2003.
이중톈 『백가쟁명』, 심규호 옮김, 에버리치홀딩스 2010.
자와할랄 네루 『세계사 편력 1~3』, 곽복희·남궁원 옮김, 일빛 2004.
저우스펀 『사진과 그림으로 보는 중국사 강의』, 김영수 옮김, 돌베개 2006.
조르주 뒤비 『조르주 뒤비의 지도로 보는 세계사』, 채인택 옮김, 생각의나무 2006.
찰스 스콰이어 『켈트 신화와 전설』, 나영균·전수용 옮김, 황소자리 2009.
파올로 노바레시오 『위대한 탐험가들』, 정경옥 옮김, 생각의나무 2004.
헨드릭 W. 판 룬 『반 룬의 지리학』, 임경민 옮김, 아이필드 2011.
J. M. 로버츠 『히스토리카 세계사 1~10』, 조윤정 외 옮김, 이글리오 2007.

도움받은 사진

Brooklyn Museum	109면
Edward S. Curtis	201면
WIKIMEDIA COMMONS	Jungpionier 97면, Vassil 123면, Marsyas 165면

이 책에 수록된 사진 중 일부는 원저작권자를 확보하기 위한 노력에도 불구하고 권리자의 허가를 확보하지 못한 상태로 출간되었습니다. 저작권자가 확인될 시 창비는 원저작권자와 최선을 다해 협의하겠습니다.
All reasonable measures have been taken to secure Korean translation copyright of the photos in this book, but some of them couldn't be legally secured. If the copyright holders appear, Changbi will take responsibility for the use of the photos and discuss the best way of copyright use.